Weisheit im Märchen

Weisheit im Märchen
Herausgegeben von Theodor Seifert

»Der Spiegel des Lebens und des Todes«
Die Anima, das Bild der Seele, kann in Phantasien und
Träumen als Botin des Lebens oder des Todes erscheinen.

Helmut Hark

Der Gevatter Tod

Ein Pate fürs Leben

KREUZ VERLAG

Den Teilnehmern(-innen) unseres
Märchenseminars gewidmet,
mit einem besonderen Dank
an Frau Irene Nootbaar
für die Mitarbeit

CIP-Kurztitelaufnahme der Deutschen Bibliothek

Hark, Helmut:
Der Gevatter Tod: Auseinandersetzung mit d. Sterblichkeit /
Helmut Hark. – 1. Aufl. – Zürich: Kreuz-Verlag, 1986.
(Weisheit im Märchen)
ISBN 3-268-00025-8

1. Auflage
© Kreuz Verlag AG Zürich 1986
Gestaltung: Hans Hug
Umschlagfoto: Werner H. Müller
Abb. S. 2: Le Miroir de la vie et de la mort
(17. Jahrhundert), Musée Carnavalet, Paris
ISBN 3 268 00025 8

Inhalt

Vorwort

So widersprüchlich es zunächst klingen mag, aber der Tod und unsere Sterblichkeit gehören zu den wichtigsten Lebensthemen. Nicht nur, weil wir dem Tod ausgeliefert sind, sondern auch, weil er seit alters als unentbehrlicher Ratgeber für ein sinnvolles Leben angesehen wird. Es ist beeindruckend, welche Fülle von Gesichtspunkten in Gestalt des Gevatters Tod in diesem Märchen enthalten ist. Jeder einzelne ist von großer Tragweite und – vor allem – anregend, das Leben neu zu bedenken und sich seiner zu erfreuen.

Der Verfasser spannt den Bogen entsprechend weit. Wir begegnen der uralten Hoffnung, das Kraut des Lebens, das uns dem Tod entreißt, doch noch zu finden, wir sehen unsere oft einfältigen Versuche, den Tod zu überlisten, als ob er unser Feind wäre. Gerade dieses Vorurteil verhindert die Fülle des Lebens, weil das Stirb und Werde verlorengeht. Die engen Bezüge, die alte Vorstellungen von der Wiedergeburt mit den schöpferischen Kräften des Unbewußten haben, lassen auch die Frage des Sterbens in einem ganz neuen Licht erscheinen, was gerade dieses Märchen vermittelt.

Der Verfasser zeigt auch, wie lebensentscheidend elterliche Aufträge werden können – der Vater hatte ja den Beruf des Sohnes entschieden –, und er bietet dem Leser Anregungen, die persönlichen Familien-hypotheken kennenzulernen und ihnen mit Hilfe ge-zielter Fragen nachzugehen, sich ihrer bewußt zu werden.

Mich hat es sehr beeindruckt, daß auch beim Bedenken unserer Sterblichkeit die Liebe jene Höhe-punkte vermittelt, die das Leben lebenswert machen, auch wenn sie selbst unerfüllt bleiben muß.

Wäre der Tod nicht unser Begleiter, wir selbst und unsere gesellschaftlichen Systeme würden so erkran-ken und erstarren wie es die Gestalt des kranken Königs in diesem Märchen zeigt.

Die einseitige Ablehnung der Sterblichkeit ver-hindert die wirkliche Erneuerung.

So führt das Buch in einer sehr lebendigen, manchmal provozierenden, immer aber faszinieren-den und bereichernden Weise hin zur Auseinander-setzung mit der Sterblichkeit und leitet dazu an, den Tod und die mit ihm verbundene Heilkraft des Unbe-wußten kennenzulernen als einen Freund.

Lassen Sie nun zunächst das Märchen in Ruhe auf sich wirken und spüren Sie dem nach, was es in Ihnen anregt. Lassen Sie sich von Ihren eigenen Reaktio-nen überraschen und vergleichen Sie sie mit den Erlebnissen und Gedankengängen des Autors.

Einige Hinweise zur Literatur:

Die Autoren dieser Reihe haben sich bei den Texten der Märchen an folgende Ausgaben gehalten:

Kinder- und Hausmärchen. Gesammelt durch die Brü-
der Grimm, 2 Bände, Manesse Verlag.

Wenn Sie sich, wie eben angeregt, weiter mit
diesem Thema beschäftigen möchten, so empfehlen
Ihnen die Autoren dieser Reihe folgende Bücher: *von
Franz, Marie-Louise: Das Weibliche im Märchen,
Stuttgart 1977. Birkhäuser-Oeri, Sibylle: Die Mutter
im Märchen, Stuttgart 1976. Dieckmann, Hans:
Gelebte Märchen, Hildesheim 1978. Kast, Verena:
Wege aus Angst und Symbiose im Märchen, Olten
1981.*

Diese Werke behandeln weitere große Lebensthemen, die in unserer Reihe nicht berücksichtigt
werden konnten. Sie enthalten darüber hinaus wichtige Ergänzungen, die der persönlichen Vertiefung
und Bereicherung dienen.

Theodor Seifert

Der Gevatter Tod

E s hatte ein armer Mann zwölf Kinder und mußte Tag und Nacht arbeiten, damit er ihnen nur Brot geben konnte. Als nun das dreizehnte zur Welt kam, wußte er sich in seiner Not nicht zu helfen, lief hinaus auf die große Landstraße und wollte den ersten, der ihm begegnete, zu Gevatter bitten. Der erste, der ihm begegnete, das war der liebe Gott, der wußte schon, was er auf dem Herzen hatte, und sprach zu ihm: »Armer Mann, du dauerst mich, ich will dein Kind aus der Taufe heben, will für es sorgen und es glücklich machen auf Erden.« Der Mann sprach: »Wer bist du?« – »Ich bin der liebe Gott.« – »So begehr ich dich nicht zu Gevatter«, sagte der Mann, »du gibst dem Reichen und lässest den Armen hungern.« Das sprach der Mann, weil er nicht wußte, wie weislich Gott Reichtum und Armut verteilt. Also wendete er sich von dem Herrn und ging weiter. Da trat der Teufel zu ihm und sprach: »Was suchst du? Willst du mich zum Paten deines Kindes nehmen, so will ich ihm Gold die Hülle und Fülle und alle Lust der Welt dazu geben.« Der Mann fragte: »Wer bist du?« – »Ich bin der Teufel.« – »So begehr ich dich nicht zum Gevatter«, sprach der Mann, »du betrügst und verführst die Menschen.« Er ging weiter, da kam der dürrbeinige

11

Tod auf ihn zugeschritten und sprach: »Nimm mich zu Gevatter.« Der Mann fragte: »Wer bist du?« – »Ich bin der Tod, der alle gleich macht.« Da sprach der Mann: »Du bist der Rechte, du holst den Reichen wie den Armen ohne Unterschied, du sollst mein Gevattersmann sein.« Der Tod antwortete: »Ich will dein Kind reich und berühmt machen, denn wer mich zum Freunde hat, dem kann's nicht fehlen.« Der Mann sprach: »Künftigen Sonntag ist die Taufe, da stelle dich zu rechter Zeit ein.« Der Tod erschien, wie er versprochen hatte, und stand ganz ordentlich Gevatter.

Als der Knabe zu Jahren gekommen war, trat zu einer Zeit der Pate ein und hieß ihn mitgehen. Er führte ihn hinaus in den Wald, zeigte ihm ein Kraut, das da wuchs, und sprach: »Jetzt sollst du dein Patengeschenk empfangen. Ich mache dich zu einem berühmten Arzt. Wenn du zu einem Kranken gerufen wirst, so will ich dir jedesmal erscheinen: steh ich zu Häupten des Kranken, so kannst du keck sprechen, du wolltest ihn wieder gesund machen, und gibst du ihm dann von jenem Kraut ein, so wird er genesen; steh ich aber zu Füßen des Kranken, so ist er mein, und du mußt sagen, alle Hilfe sei umsonst und kein Arzt in der Welt könne ihn retten. Aber hüte dich, daß du das Kraut nicht gegen meinen Willen gebrauchst, es könnte dir schlimm ergehen.«

Es dauerte nicht lange, so war der Jüngling der berühmteste Arzt auf der ganzen Welt. »Er braucht nur den Kranken anzusehen, so weiß er schon, wie es steht, ob er wieder gesund wird oder ob er sterben muß«, so hieß es von ihm, und weit und breit kamen die Leute herbei, holten ihn zu den Kranken und gaben ihm so viel Gold, daß er bald ein reicher Mann war. Nun trug es sich zu, daß der König erkrankte: der Arzt ward berufen und sollte sagen, ob Genesung möglich wäre. Wie er aber zu dem Bette trat, so stand der Tod zu den Füßen des Kranken, und da war für ihn kein Kraut mehr gewachsen. Wenn ich doch einmal den Tod überlisten könnte, dachte der Arzt, er wird's freilich übelnehmen, aber da ich sein Pate bin, so drückt er wohl ein Auge zu: ich will's wagen. Er faßte also den Kranken und legte ihn verkehrt, so daß der Tod zu Häupten desselben zu stehen kam. Dann gab er ihm von dem Kraute ein, und der König erholte sich und ward wieder gesund. Der Tod aber kam zu dem Arzte, machte ein böses und finsteres Gesicht, drohte mit dem Finger und sagte: »Du hast mich hinter das Licht geführt: diesmal will ich dir's nachsehen, weil du mein Pate bist; aber wagst du das noch einmal, so geht dir's an den Kragen, und ich nehme dich selbst mit fort.«

Bald hernach fiel die Tochter des Königs in eine schwere Krankheit. Sie war sein einziges Kind, er weinte Tag und Nacht, daß ihm die Augen erblindeten, und ließ bekanntmachen, wer sie vom Tode errettete, der sollte ihr Gemahl werden und die Krone erben. Der Arzt, als er zu dem Bett der Kranken kam, erblickte den Tod zu ihren Füßen. Er hätte sich der Warnung seines Paten erinnern sollen, aber die große Schönheit der Königstochter und das Glück, ihr Gemahl zu werden, betörten ihn so, daß er alle Gedanken in den Wind schlug. Er sah nicht, daß der Tod ihm zornige Blicke zuwarf, die Hand in die Höhe hob und mit der dürren Faust drohte; er hob die Kranke auf und legte ihr Haupt dahin, wo die Füße gelegen hatten. Dann gab er ihr das Kraut ein, und alsbald röteten sich ihre Wangen, und das Leben regte sich von neuem.

Der Tod, als er sich zum zweitenmal um sein Eigentum betrogen sah, ging mit langen Schritten auf den Arzt zu und sprach: »Es ist aus mit dir, und die Reihe kommt nun an dich«, packte ihn mit seiner eiskalten Hand so hart, daß er nicht widerstehen konnte, und führte ihn in eine unterirdische Höhle. Da sah er, wie tausend und tausend Lichter in unübersehbaren Reihen brannten, einige groß, andere halbgroß, andere klein. Jeden Augenblick verloschen einige, und andere brannten wieder auf, also daß die Flämmchen in beständigem Wechsel hin und her zu hüpfen schienen. »Siehst du«, sprach der Tod, »das sind die Lebenslichter der Menschen. Die großen gehören Kindern, die halbgroßen Eheleuten in ihren besten Jahren, die kleinen gehören Greisen. Doch auch Kinder und junge Leute haben oft nur ein kleines Lichtchen.« – »Zeige mir mein Lebenslicht«, sagte der Arzt und meinte, es wäre noch recht groß. Der Tod deutete auf ein kleines Endchen, das eben auszugehen drohte, und sagte: »Siehst du, da ist es.« – »Ach, lieber Pate«, sagte der erschrockene Arzt, »zündet mir ein neues an, tut mir's zuliebe, damit ich meines Lebens genießen kann, König werde und Gemahl der schönen Königstochter.« – »Ich kann nicht«, antwortete der Tod, »erst muß eins verlöschen, eh ein neues anbrennt.« – »So setzt das alte auf ein neues, das gleich fortbrennt, wenn jenes zu Ende ist«, bat der

Arzt. Der Tod stellte sich, als ob er seinen Wunsch erfüllen wollte, langte ein frisches großes Licht herbei: aber weil er sich rächen wollte, versah er's beim Umstecken absichtlich, und das Stückchen fiel um und verlosch. Alsbald sank der Arzt zu Boden und war nun selbst in die Hand des Todes geraten.

Vorbemerkung

*Jeder Schamane weiß,
daß der Tod alles mit Leben erfüllt.
Der Tod ist der große Verwandler.*

Hyemeyohsts Sturm, Medizinmann der Cheyenne

Auseinandersetzung mit der Sterblichkeit und Begegnung mit dem Tod – mit diesen Worten könnten wir das Thema von »Gevatter Tod« umschreiben. Das noch immer weitgehend verdrängte Thema Sterben und Tod ist keineswegs nur eine persönliche existentielle Frage jedes einzelnen Menschen. Durch den uns alle bedrohenden Atomtod erscheint »Gevatter Tod« in einem neuen Licht. Viele Menschen fragen sich bang, ob die Militärs und Politiker in Ost und West einen klaren Kopf behalten werden. Andere dagegen sehen schwarz und meinen, das Schreckgespenst des kollektiven Todes bereits nahe zu sehen. Wo der Tod steht und vor allem, wie wir zum Tode stehen, das zu bedenken will das Märchen uns lehren.

Zu allen Zeiten haben Menschen nach Erkennungszeichen für den nahenden Tod gesucht. Besonders von den Ärzten wird bei schweren Krankheiten eine Prognose erwartet, wie es um den Kranken stehe. »Muß er sterben?« oder »Kommt er durch?« das sind die bangen Fragen an vielen Krankenbetten. Immer wieder hat es einzelne Ärzte gegeben, die diesen »Durchblick« hatten. Es ist hier an Paracelsus (1493–1541) zu denken und andere alchemistische Ärzte, deren Behandlungsmethoden nach Meinung einiger Märchenforscher[1] als Beispiel und Vorlage für unser Märchen dienten.

Mit zunehmender Entwicklung der Medizin im Mittelalter gab es wohl bei vielen Menschen die Phantasie, daß man eines Tages ein wunderwirkendes Heilkraut gegen Leiden aller Art finden würde. Mit dieser Illusion verdrängte man den Weisheitsspruch, daß gegen den Tod kein Kraut gewachsen sei. Diese Erfahrung übernahm Hans Sachs in sein Spruchgedicht aus dem Jahre 1547, das eine Variante zu unserem Märchen ist:

> »Kein kraut sey fuer den dot gewachsen;
> wird auch verschonen nit Hans Sachsen.«

Unser Märchen bildet eine Situation ab, in der das Dem-Tod-ausgeliefert-Sein bestimmend war. Es ließe sich dabei an die Pestzeiten im Mittelalter denken und damit an die Blütezeit der Totentänze. So wird von den Märchenforschern darauf hingewiesen, daß Motive unseres Märchens in dem Fasnachtsspiel von Jacob Ayrer (gestorben 1605) enthalten sind: »Der Bauer mit seim Gefatter Todt«. Ähnlich wie in unserem Märchen begegnet der Bauer zunächst Jesus und lehnt ihn mit der Begründung ab: ».. . du handelst so gar ungleich (= ungerecht), du machst einen arm, den andern reich.« Ferner will er mit dem Teufel nichts zu tun haben und sagt: »Mit dir ich nichts zu schaffen hab; drum laß mich gehn, das ist mein Bitt.« Schließlich begegnet der Bauer dem Tod, der ihm zunächst schreckliche Angst macht. Als der Tod verspricht, ihn die Heilkunst zu lehren, läßt dieser sich darauf ein.

Das Märchen vom Gevatter Tod ist über ganz Europa verbreitet. So gibt es eine isländische Fassung »Der Königssohn und der Tod« von dem Bischof Jon Halldorsson (gestorben 1339). Obgleich seine Fassung von der der Gebrüder Grimm an einigen Stellen abweicht, sind auch dort ein Arzt und ein geheimnisvoller alter Meister, der sich Mors nennt (lateinisch: Tod), die Hauptgestalten. Zur List des Arztes gehört dort, daß ein Gebet nicht zu Ende gesprochen wird und damit eine Zeitlang der Tod hinausgezögert werden kann. Schließlich sei noch auf ein Lehrgedicht des Hugo von Trimberg »Der Renner« (um 1300) verwiesen, in dem ebenfalls der Gevatter Tod erscheint[2]. Doch neben der schriftlichen Überlieferung wurden Märchen durch die Jahrhunderte hindurch vor allem mündlich weitererzählt.

Das Märchen vom Gevatter Tod ist ein Netzwerk der mündlichen Märchenüberlieferung. Wie bei einem Netz die einzelnen Maschen miteinander verknüpft sind, so sind in den Motiven des Märchens neben Erfahrungen mythische Phantasien und Träume miteinander verwoben. Längst bevor die Motive in der jetzigen Form von den Gebrüdern Grimm zusammengefügt wurden, bewegte die Begegnung mit dem Tod die Menschheit. Diesem dunklen Ausgang des

Lebens fühlten und fühlen sich Menschen hilflos gegenüber. So entwickelte sich in der Seele vieler Menschen der Traum und der Wunsch nach einem Arzt, der das Wunderkraut gegen die Sterblichkeit fände. Dazu war es freilich nötig, den Tod zum Mitspieler und möglichst zum Paten zu gewinnen. Es ist bei unserem Märchen nicht mehr auszumachen, welche Gewichtung und welchen Einfluß die Erfahrung mit Sterben und Tod einerseits und die mythischen Vorstellungen über den Tod und das Totenreich andererseits auf die Ausgestaltung des Märchenstoffes hatten. Auch wenn die Märchenforschung die literarischen Vorlagen ein Stück weit aufgehellt hat, bleibt gerade bei diesem Märchen vieles offen. Neben der persönlichen Reflektion über Sterben und Tod dürfte das Grundmotiv unseres Märchens aus dem Ahnen- und Totenkult stammen. In den Totenritualen und Gebeten für die Toten werden seit Menschengedenken die erschreckenden Erfahrungen strukturiert und aufgehoben. Das bewirkte, daß Menschen nicht in der depressiven Trauer steckenblieben, sondern durch diese Begehungen wieder aufgerichtet wurden. Unser Märchen spiegelt eine Weisheit wider, die den Tod als Freund sehen lehrte und den Sinn des Sterbens darin sah, daß erst, wenn ein Leben verlöscht, ein neues seinen Anfang nehmen kann.

In meiner Deutung dieses Märchens möchte ich die Auseinandersetzung mit der Sterblichkeit hervorheben. Die Begegnung mit dem Tod bestimmt die ganze Handlung. Dabei ist nicht der angehende Arzt der eigentlich Handelnde, sondern Gevatter Tod. Während sich viele Menschen den Tod als Schreckgespenst vorstellen, vermittelt uns dieses Märchen ein Bild des Todes, der zugleich auch Leben gewährt.

Die Auseinandersetzung mit der Sterblichkeit geschieht im Märchen in vier Bereichen, die für das Leben von grundlegender Bedeutung sind. Das Märchen zeigt dieses Problem als erstes in der Familie auf. Häufig werden hier schwierige oder gar unlösbare Probleme von den Eltern auf die Kinder übertragen. Indem der Vater im Märchen den überpersönlichen Mächten (Gott, Teufel) begegnet und seinen Sohn schließlich dem Tod als Patenkind anvertraut, wird damit für alle eine Weiche gestellt für die Auseinandersetzung mit dem Tod.

Die nächste Begegnung mit der Sterblichkeit geschieht im Berufsbereich. Folglich wird das Problem mit einem Arzt durchgespielt, der ja von Berufs wegen für Krankheiten und Heilung zuständig ist. Doch bei allen Berufen mit einer hohen Kompetenz und Macht stellen sich besondere Versuchungen ein. In unserem Märchen ist es die Versuchung, den Tod zu überlisten. Die List ist in den Märchen und Mythen eine anerkannte Handlungsweise, die es dem Menschen gegenüber überpersönlichen Mächten und deren Allmacht gestattet, etwas zu erreichen. In manchen Schelmenmärchen, insbesondere in den Indianermärchen, gibt es die Gestalt des »Tricksters«, der auf trickreiche Weise versucht, seine Ziele zu erreichen. In unserem Märchen dagegen übertritt und verletzt der Arzt mit seinen trickreichen Heilungsversuchen die ihm gesetzten Grenzen. Dafür muß er sterben. Der Tod rächt sich, weil er sich um sein Eigentum betrogen sieht.

In der letzten Szene des Märchens mit der Lichtervision wird die Einsicht in die Notwendigkeit des
Sterbens und des Todes vermittelt. Das Märchen faßt
diese Erkenntnis in dem Satz zusammen: »Erst muß
ein Lebenslicht verlöschen, ehe ein neues anbrennt.«
Damit wird gesagt, daß jeder bei der Geburt seinen
ersten Atemzug einem anderen Menschen verdankt,
der im Sterben sein Leben ausgehaucht hat. Mit
dieser Botschaft des Märchens wird den Zuhörern die
Sinnhaftigkeit des Sterbens vermittelt. Das Märchen
möchte dazu beitragen, daß der Tod für die Menschen
ein Stück weit seinen Schrecken verliert. Den Tod
zum Freund haben, wie es das Märchen sagt, soll
heißen, sich mit dem unabänderlichen gerechten Ausgleich zwischen Leben und Sterben abzufinden und
sich in dieses Gleichgewicht einzufügen.

Das Schicksal des dreizehnten Kindes

Es hatte ein armer Mann zwölf Kinder und mußte Tag und Nacht arbeiten, damit er ihnen nur Brot geben konnte. Als nun das dreizehnte zur Welt kam, wußte er sich in seiner Not nicht zu helfen, lief hinaus auf die große Landstraße und wollte den ersten, der ihm begegnete, zu Gevatter bitten.

Unser Märchen beginnt keineswegs »märchenhaft«, sondern mit einer realistisch geschilderten Familiensituation. Wir kennen vielleicht in unserer Umgebung die eine oder andere kinderreiche Familie und können uns die Not der Armut sicher gut vorstellen. Auch über die Nöte der hungernden Kinder in aller Welt werden wir vielfach informiert. Mancher aus der älteren Generation mag sich auch erinnern, wie nach dem Kriegsende 1945 viele Menschen wie im Märchen »Tag und Nacht arbeiten mußten«, um die Familie zu ernähren. Unzählige Eltern haben sich damals gesagt: »Unsere Kinder sollen es einmal besser haben!« Andere Eltern waren gezwungen, das eine oder andere Kind zu Verwandten oder Pateneltern zu geben, damit die Familie überlebte.

Mit dem dreizehnten Kind in unserem Märchen scheint es von vornherein eine besondere Bewandt-

nis zu haben. Wenn dieses Märchen erzählt oder vor-
gelesen wird, ahnen wir bei der Zahl 13 häufig nichts
Gutes. Das dreizehnte ist entweder ein Unglücks-
kind, oder es wird ein ganz besonderes Schicksal
haben. Die Zahl 13 ist ja nach abergläubischen Vorstellungen eine Unglückszahl. Wer hat nicht schon
davon gehört, daß man am Freitag, dem dreizehnten,
nicht dieses oder jenes tun darf? Im Aberglauben
und in den Vorstellungen vieler Menschen scheint die
13 noch immer eine magische Bedeutung zu haben.
Magisch bedeutet in diesem Zusammenhang, daß der
13 eine geheimnisvolle Macht innewohnt. In zahlreichen Märchen und Mythen begegnet uns die 13 als
eine besondere Zahl. Im Dornröschen zum Beispiel
erscheint nach den zwölf weisen Frauen des Landes,
die dem Kind Schönheit, Reichtum und andere Bega-
bungen wünschen, die dreizehnte mit dem bösen
Wunsch, daß sich das Kind an seinem fünfzehnten
Geburtstag an einer Spindel steche und tot hinfalle.

Ein anderes Beispiel ist das Märchen vom Marien-
kind. Dort ist es verboten, die dreizehnte Kammer
aufzuschließen und hineinzuschauen. Nachdem die
heilige Jungfrau die Tochter eines armen Holzhak-
kers in den Himmel entführt hat, will sie auf Reisen
gehen und übergibt den Schlüssel zu den Türen des
Himmelreichs dieser Tochter in Verwahrung. Zwölf
Türen darf sie öffnen und erblickt in jeder Stube einen
Apostel. Als sie jedoch das Verbot übertritt und die
dreizehnte Kammer aufschließt, sieht sie dort die
Heilige Dreieinigkeit und wird deswegen aus dem
Himmel verstoßen. So wie hinter der dreizehnten Tür
ein besonderes Geheimnis verborgen ist, so will

unser Märchen mit dem dreizehnten Kind darauf aufmerksam machen, daß ihm ein ganz besonderer Weg und eine besondere Entwicklung bevorstehen.

Das Schicksal unseres dreizehnten Märchenkindes hängt keineswegs einzig an der magischen Zahl. Wer sich in der Fachliteratur zu dem Märchen umschaut, wird bei den verschiedenen Varianten und Überlieferungen zum Märchen andere Zahlen finden. So kann zum Beispiel einfach von vielen Kindern gesprochen werden oder von sechs, sieben oder neun. Es können auch zwölf, dreizehn oder sogar 27 Kinder sein. Wichtiger als die Beachtung der Zahl scheint mir die Familiensituation zu sein.

Gehen wir also von dem Märchen in der vorliegenden Fassung aus und vertiefen uns in das Erleben des armen Vaters. Er läuft hinaus auf die Landstraße und will den ersten, der ihm begegnet, zu Gevatter bitten. Vor lauter Sorgen scheint der Vater etwas kopflos geworden zu sein. In Familiengesprächen über Erziehungsschwierigkeiten ist gelegentlich zu erleben, wie Väter kopflos werden. Ihnen ist zumeist die Lebensanschauung vermittelt worden, daß man die Probleme im Griff haben müsse. Wenn aber durch zuviel Arbeit und Streß die Widerstandsfähigkeit erlahmt, können Väter auch schon mal die Nerven verlieren. Doch in solcher nervösen Verfassung passieren einem nicht selten unüberlegte Handlungen. Als ob die notwendige Lösung einfach so auf der Straße zu finden wäre! Auch helfende Menschen oder Paten sind in der Regel nicht auf der Straße zu finden. Doch viel wichtiger scheint für den Vater noch etwas anderes gewesen zu sein.

Der entscheidende Beweggrund, sich auf die Straße zu begeben und nach Hilfe Ausschau zu halten, ist sein Bedürfnis, aktiv zu werden. Er macht sich auf den Weg. Manche Eltern ziehen sich in ihren Schwierigkeiten eher zurück und bleiben in ihrer Not allein. Durch diesen Rückzug findet man in der Regel keine Lösung für die persönlichen Schwierigkeiten. Der arme Mann im Märchen macht aus der Not eine Tugend. Indem er sich auf den Weg macht, zeigt er, daß er Hilfe von anderen sucht. Bis zu dem zwölften Kind scheint es in der Familie üblich gewesen zu sein, sich selber zu helfen. Das dreizehnte Kind hat in dem Vater die Ahnung geweckt, daß sich vielleicht neue Möglichkeiten auftun könnten. Instinktiv weiß er, daß sich mit diesem Kind ein ganz besonderer Weg eröffnet. Ich bewundere den Einfallsreichtum dieses Mannes, der sich nicht resigniert vom Leben und der Familie zurückzieht, sondern der fähig ist, die Zukunft seines Kindes zu suchen und über sie zu entscheiden.

Die Not des armen Mannes ist noch unter einem anderen Gesichtspunkt zu betrachten. Die besondere Gunst der Märchenerzähler gilt den Armen. Oft ist der Märchenheld arm und stammt von armen Eltern. Die Not, die mit dieser Armut verbunden ist, wird anschaulich geschildert. Auch unser Märchen erhält seine Dramatik aus dem Spannungsverhältnis zwischen arm und reich. Über diese Polarität und die damit verbundene Sozialkritik gibt es in der Märchenforschung und der Märchendeutung unterschiedliche Meinungen. L. Röhrich will die Polarität arm – reich nicht im soziologischen Sinne verstanden wissen, sondern als künstlerisches Spannungsmoment. Es geht dem Märchen um mehr als nur um materiellen Reichtum. »Es ist eine tiefe Wahrheit, die das Märchen ausspricht, daß der wahre Reichtum über die Stufe der Armut zu erreichen ist.«[3] Die sozial-kritische Märchendeutung, insbesondere durch die marxistische Literaturwissenschaft, versucht, die Problematik arm – reich von den benachteiligten Volksschichten her zu deuten. Andere Forscher wiederum meinen, man dürfe die Handlungselemente eines Märchens nicht direkt auf die soziale Wirklichkeit beziehen. Für Max Lüthi schließlich spiegelt die Handlung des Märchens »seelische und gesellschaftliche, innermenschliche und zwischenmenschliche Vorgänge«[4]. Dieses Märchenverständnis kommt meinem persönlichen tiefenpsychologischen Ansatz am nächsten. Viele Märchen machen den Armen und Unterdrückten Mut, um Gerechtigkeit zu kämpfen. Ähnlich arm dran sind viele kranke Menschen, die nicht wissen, ob sie wieder gesund werden. Sie alle fragen aus existentieller Betroffenheit nach Ärzten, die sagen können, wie es um sie steht. Diese sogenannten übernormalen Fähigkeiten scheinen am ehesten Menschen zu besitzen, die als dreizehntes Kind zur Welt gekommen sind.

Damit komme ich nochmals auf die magische Zahl 13 zurück. Nach der Zahlensymbolik beginnt mit der 13 eine neue Einheit auf einer neuen Stufe. Die Zahl 12 ist uns zumeist vertraut für eine geschlossene Ganzheit, wie zum Beispiel die zwölf Stunden der Nacht oder des Tages. Auch die zwölf Monate bilden eine geschlossene Ganzheit unseres Jahres. Im religiösen Bereich kennen wir die Symbolik der zwölf Apostel sowie der zwölf Stämme des alten Israel. Zahlreiche weitere Beispiele ließen sich für das Zwölfersystem anführen. Die 13 nun ist, wie gesagt, eine Zahl, die etwas Neues ankündigt. Eine Redensart kann diese Bedeutung etwas entschlüsseln. Mancher stößt, wenn ihm etwas Unglaubliches passiert, den Ruf aus: »Nun schlägt's aber dreizehn!« Obwohl die Uhr nur bis zwölf schlägt, soll damit gesagt sein, daß hier etwas völlig Neues passiert. Für die 13 als eine besondere Symbolzahl für eine beginnende neue Einheit habe ich in der hebräischen Zahlensymbolik noch etwas Bedenkenswertes gefunden. Das Wort eins heißt im Hebräischen »echad«. Da im Hebräischen die einzelnen Buchstaben zugleich auch einen Zahlenwert haben und die drei Buchstaben des Wortes echad die Zahlen 1, 8 und 4 bezeichnen, ergibt die Quersumme von echad die Zahl 13. Die 1, oder im übertragenen Sinn können wir jetzt auch sagen die Einheit, hat in sich zugleich eine Vielheit, die 13.

Das dreizehnte Kind im Märchen erweist sich damit keineswegs als Unglücksrabe oder schwarzes Schaf der Familie. Es ist von Geburt an dazu ausersehen, als Arzt die Einheit des Lebens und der Gesundheit wiederherzustellen. Ich werde später darauf zu sprechen kommen, daß viele Krankheiten auf einer gestörten Balance der leib-seelischen Ganzheit beruhen. Auch die seelischen Krankheiten, die sogenannten Neurosen, können als gespaltene Ganzheit definiert werden. Wer schon als Kind dazu ausersehen ist, eine derart hohe Aufgabe zu erfüllen, der bedarf eines entsprechenden Helfers und Paten.

Der arme Mann läuft auf die Landstraße und will den ersten, der ihm begegnet, zu Gevatter bitten. Unter dem Gevatter haben wir uns einen Paten vorzustellen, der eine Mitverantwortung hat für die Erziehung des Kindes. Er soll als ein geistlicher Mitvater der in alten Zeiten nicht immer zuverlässigen elterlichen Erziehung zur Seite stehen. »Die Gevatterschaft ist eine Form jener künstlichen Verwandtschaften, die zum Zwecke größerer Lebenssicherung des einzelnen geschaffen und kultisch gefestigt und geheiligt werden . . .«[5] Das Handwörterbuch des deutschen Aberglaubens weiß viele Beispiele dafür zu berichten, welche abergläubischen Vorstellungen und Erwartungen mit der Patenschaft verbunden waren. Der Volksglaube sieht zwischen dem Paten und Täufling »zahlreiche geheimnisvolle sympathetische Beziehungen«[6]. Man erhoffte sich, daß die Eigenschaften und Fähigkeiten des Paten auf das Patenkind übergehen. Mit dem veralteten Wort sympathetisch ist eine tiefe mitfühlende Verbundenheit gemeint. Im Volksglauben ist es vor allem die Vorstellung von einer geheimen gegenseitigen Einwirkung.

Der arme Mann im Märchen sucht in seiner großen Not daher aus gutem Grund einen Mithelfer, einen Paten. Manche Menschen werden durch ihre Not oder durch seelische Schwierigkeiten ganz hilflos gemacht. Kopflos geworden, wenden sie sich oftmals an den ersten besten um Hilfe und haben an ihren Helfer hohe Ansprüche. Das zeigt sich auch in dem nächsten Abschnitt unseres Märchens, in dem der liebe Gott abgelehnt wird.

Das Gottesbild des Märchens

Der erste, der ihm begegnete, das war der liebe Gott,
der wußte schon, was er auf dem Herzen hatte, und
sprach zu ihm: »Armer Mann, du dauerst mich, ich
will dein Kind aus der Taufe heben, will für es sorgen
und es glücklich machen auf Erden.« Der Mann
sprach: »Wer bist du?« – »Ich bin der liebe Gott.« –
»So begehr ich dich nicht zu Gevatter«, sagte der
Mann, »du gibst dem Reichen und lässest den Armen
hungern.« Das sprach der Mann, weil er nicht wußte,
wie weislich Gott Reichtum und Armut verteilt. Also
wendete er sich von dem Herrn und ging weiter.

Auf der großen Landstraße begegnet der arme
Mann als erstem dem lieben Gott. Der spricht
den Vater an und bedauert ihn. Aufs erste gesehen,
wird es dem Armen gut getan haben, daß er so
angesprochen wird. Aber *wie* er angesprochen wird,
das könnte schon abstoßend gewirkt haben. Wollen
Menschen in Not wirklich bemitleidet werden?
Warum sonst sagt der Vater nicht zu, als der Unbe-
kannte anbietet, für das dreizehnte Kind zu sorgen
und es glücklich zu machen auf Erden? Zwei Verstehensmöglichkeiten bieten sich an. Zum einen, dem
Gottesbild des Märchens nachzuspüren, und zum

anderen, die Komposition des Märchens der Gebrüder Grimm zu beachten. Wenn der Vater nach seinem Vorsatz, den ersten besten zu Gevatter zu bitten, gehandelt hätte, wäre das Märchen sogleich zum Ende gekommen. Damit die weitere Handlung spannend wird, muß der erste beste abgelehnt werden. Die Begründung der Ablehnung und die einzelnen Aspekte des Gottesbildes sollen noch genauer betrachtet werden.

Gott weiß, was Menschen auf dem Herzen haben. Das mag schon sein, werden die einen glaubend anerkennen. Die anderen werden dagegen sagen, daß sie in ihren Herzensnöten davon nichts spüren. So scheint es auch dem armen Mann ergangen zu sein. Aus seiner Reaktion vernehmen wir nicht, daß er spürt, Gott zu begegnen. Die Vorstellung, daß Gott weiß, was Menschen auf dem Herzen haben, dürfte aus der christlichen Tradition in das Märchen hineingekommen sein. So heißt es in der Bibel wiederholt, daß Gott nahe ist bei denen, »die zerbrochenen Herzens sind« (Psalm 34,19), oder daß er »Herzen und Nieren prüft« (Psalm 7,10). Besonders bekannt ist ein Spruch Gottes an den Priester Samuel, als dieser sich anschickt, einen Verkehrten zum König zu salben. Da wird ihm gesagt: »Ein Mensch sieht, was vor Augen ist; der Herr aber sieht das Herz an« (1. Samuel 16,7). Weil Gott weiß, was Menschen auf dem Herzen haben, darum verheißt er, »die zerbrochenen Herzen zu verbinden« (Jesaja 61,1).

Das Herz ansehen heißt soviel wie: Gott kennt die Menschen. Vor ihm sind die innersten Beweggründe nicht verborgen. Wenn Gott die Herzen erforscht und alles durchschaut, dann sieht er alles. Hier mag mancher denken, daß eine derartige Gottesvorstellung dem Mittelalter angehöre und bei modernen Menschen kaum noch zu finden sei. Das Gegenteil ist der Fall. Ich habe an Menschen in seelischen Schwierigkeiten und mit religiösen Problemen unter anderem die Frage gestellt, ob sie als Kinder geglaubt hätten, daß der liebe Gott alles sähe[7]? Rund 80 Prozent der nahezu 400 befragten Personen haben dies geglaubt. Ich schließe aus diesem Ergebnis, daß es sich bei derartigen Anschauungen um ein Urmuster des Gottesbildes handelt, das für viele Menschen wichtig ist.

Ein anderer Aspekt des Gottesbildes ist das tiefe Mitleid mit der Not des armen Mannes. Der altertümliche Ausdruck »du dauerst mich«, den die Gebrüder Grimm aus der Erstfassung beibehalten haben, will sagen, daß Gott von Mitleid bewegt ist. Der himmlische Vater leidet mit einem irdischen Vater. Dennoch scheint die Solidarität Gottes mit den Armen und Leidenden von diesen nicht oder nur schwer begriffen zu werden. Besonders erstaunlich an dem Gottesbild des Märchens ist, daß Gott für das Kind sorgen und es glücklich machen will auf Erden. Diese Absicht Gottes ist selbst unter Christen wenig bekannt. Die allgemeine Glaubensvorstellung ist doch, daß Gott die sündigen Menschen erlöst und selig macht für den Himmel. Das Wohlergehen auf Erden, die Selbstverwirklichung und Ganzwerdung auf dem Wege durchs Leben sind in traditionellen christlichen Vorstellungen weniger Gottes Wille.

Die bisher bedachten Aspekte des Gottesbildes,

daß Gott alles weiß, bedauernd Anteil nimmt am Schicksal des Menschen und daß er glücklich machen will, interessieren und berühren den armen Mann offensichtlich nicht. Für ihn, wie für alle Armen, steht die zentrale Frage nach der gerechten Verteilung der Güter auf dieser Erde im Mittelpunkt. Er lehnt Gott ab mit der Begründung: »Du gibst dem Reichen und läßt den Armen hungern.« Die Ablehnung Gottes mit dieser Begründung beruht bei dem armen Mann sicher auf bitteren Erfahrungen. Versetzen wir uns in die Entstehungszeit unseres Märchens im Mittelalter, so ist einsichtig, daß der Hunger das Hauptproblem der Armen war. Daher zweifelten die Armen und Hungernden wohl vor allem an Gottes Gerechtigkeit – wenn sie sich überhaupt auf die Gottesfrage einließen. Wo immer in den Spinnstuben der Armen unser Märchen erzählt wurde, konnte es wegen seiner Kritik an Gottes Gerechtigkeit mit Zustimmung rechnen. Was viele Hungernde im stillen denken, spricht das Märchen offen aus: Gott ist ungerecht! Mit der Verteilung der Güter und vor allem der Nahrungsmittel klappt es ja bekanntlich bis heute nicht zwischen den reichen Industrienationen im sogenannten christlichen Abendland und den Entwicklungsländern in der Dritten Welt.

Die Erklärung, daß der arme Mann den lieben Gott ablehnt, »weil er nicht wußte, wie weislich Gott Reichtum und Armut verteilt«, findet sich in der Erstfassung des Märchens nicht. Manche Märchendeuter nehmen an, daß die Gebrüder Grimm mit der Kritik an Gottes Gerechtigkeit ihre Schwierigkeiten hatten und daher diese Abschwächung eingefügt haben. Mir erscheint es auch denkbar, daß an dieser Stelle die Märchenherausgeber stärker auf das rechte Ansehen Gottes bedacht waren, als daß sie sich mit der Hungersnot der Armen identifizierten. Es könnte ferner sein, daß die Gebrüder Grimm der Suggestivkraft des Märchens erlegen waren. Ähnlich ergeht es doch oft Kindern, wenn sie von Märchen angerührt werden. Wenn man sich mit einer bestimmten Märchengestalt identifiziert, wie hier mit Gott und seiner Gerechtigkeit, kann man nur schwer das berechtigte Anliegen eines Gegenspielers verstehen und akzeptieren.

Begeben wir uns wieder mit dem Vater auf die große Landstraße, in die Öffentlichkeit. In der öffentlichen Meinung über Gott finden wir oft die Vorstellung, daß er wie ein Welt-Wirtschaftsminister für die gerechte Verteilung der Güter im Nord-Süd-Gefälle allein zuständig sei. Ich bin dagegen der Überzeugung, daß Menschen mit einem geschärften Gewissen und einem hohen Verantwortungsbewußtsein dafür verantwortlich sind, daß mehr Gerechtigkeit zwischen Armen und Reichen auf Erden verwirklicht werde. Gott bewirkt durch Menschen eine Änderung der Verhältnisse. Vielleicht spiegelt sich in ersten Ansätzen diese Wandlung bereits in der Entscheidung des armen Vaters wider. Nicht aus Kritik an der Religion wird Gott im Märchen abgelehnt, sondern weil er nicht zuständig ist für das anstehende Problem. Dennoch scheint der arme Mann durch das Gespräch mit Gott gestärkt worden zu sein für die weitere Auseinandersetzung.

Die Auseinandersetzung
mit dem Gegenspieler

Da trat der Teufel zu ihm und sprach: »Was suchst du? Willst du mich zum Paten deines Kindes nehmen, so will ich ihm Gold die Hülle und Fülle und alle Lust der Welt dazu geben.« Der Mann fragte: »Wer bist du?« – »Ich bin der Teufel.« – »So begehr ich dich nicht zum Gevatter«, sprach der Mann, »du betrügst und verführst die Menschen.«

Nach der Zurückweisung Gottes dürfen wir gespannt sein, wie mit dem Teufel verfahren wird. Der Teufel tritt auf den armen Mann zu und fragt: »Was suchst du?« Auch wenn die kleine Zwischenszene des Märchens offensichtlich nur dazu dient, die Spannung vor dem Auftreten des Gevatters Tod zu erhöhen, so beinhaltet sie dennoch einige bedenkenswerte Motive. Insgeheim erwarten die Hörer des Märchens, daß dem Gegenspieler Gottes die gleiche Abfuhr erteilt wird.

Bei der Deutung des Teufels müssen wir uns hüten, vorschnell eigene Vorstellungen in das Märchen hineinzutragen. Der Teufel bietet als sein Patengeschenk Gold in Hülle und Fülle an. Das glänzende Gold ist in vielen Märchen ein besonders begehrter Schatz. Auch in der biblischen Überlieferung sind Gold und Lust nicht grundsätzlich vom Teufel. Schließlich bringen die Weisen aus dem Morgenland dem neugeborenen Jesuskind Gold, Weihrauch und Myrrhe. Nach der Offenbarung des Johannes ist die himmlische Stadt aus lauterem Gold. Gold kann nur dann von Gott abbringen, wenn es zu eigenmächtigen Zwecken gebraucht wird. Ähnlich verhält es sich mit der Lust. Einerseits warnt die Bibel vor den »Lüsten des Fleisches«, andererseits heißt es wiederholt in den Psalmen: »Habe deine Lust an dem Herrn!« Und Paulus schreibt: »Habe Lust an Gottes Gesetz nach dem inwendigen Menschen.« Wenn der Teufel nun »alle Lust der Welt« geben will, dann steht dieses verführerische Angebot im Gegensatz zu dem Streben des inwendigen Menschen.

Gold und Lust können wir im modernen Sprachgebrauch wohl am ehesten wiedergeben mit den Worten: Geld und Sexualität. Beide sind an sich weder gut noch böse. Wie bei so vielen Dingen hat der Mensch zu entscheiden, wie und wozu er diese gebrauchen möchte. Die Doppeldeutigkeit oder sogar die Mehrdeutigkeit von Gold und Geld, von Lust und Sexualität, kann aber in eine ziemliche Zerreißprobe stellen. Von daher ist es verständlich, daß der Teufel, der Diabolus, der Durcheinanderbringer, als Geber der genannten Gaben angesehen wurde. Viele Menschen wünschen sich Eindeutigkeit und wittern hinter zweideutigen Dingen die Verführungen des Teufels. Daher wurden wohl auch im Märchen Gold und Lust »verteufelt«.

Der Teufel ist in der Bildersprache der Märchen und in der Phantasie vieler Menschen nicht nur der

Verursacher von Doppeldeutigkeiten in den Dingen, sondern trägt selber auch verschiedene Gesichter und Gestalten. So ist er zum Beispiel in dem Grimmschen Märchen »Der Herr Gevatter« mit Zügen des Todes ausgestattet. Ein armer Mann erhält die Weisung, den ersten, der ihm begegnet, als Paten anzunehmen. Dieser schenkt ihm ein wunderwirkendes Heilwasser, mit dem er die Kranken heilt. Genau wie im Gevatter Tod ist Heilung nur dann möglich, wenn der Tod zu Häupten der Kranken steht. Nach einiger Zeit will der Arzt seinen Gevatter besuchen und kommt in ein merkwürdiges Haus mit verschiedenen Spukphänomenen. Schippe und Besen zanken sich, tote Finger und Totenköpfe liegen auf den Treppen. In der fünften Etage schließlich sieht der Arzt den Gevatter mit langen Hörnern und ahnt, daß es der Teufel ist. In einer anderen Variante zu Gevatter Tod, in dem französischen Märchen »Der Arzt von Fougeray«, gibt sich nach mehrmaligem Bitten des Arztes der Teufel zu erkennen und sagt: »Da du so innig wünschest, mich kennenzulernen, ich bin Satan, aber Satan als guter Teufel, der deine Verzweiflung sieht, mit dir Mitleid hat und dir seine Dienste anbietet.« Dieser Dienst besteht darin, mit Hilfe von Lampen die Lebensdauer der Menschen zu erkennen. Der Doktor muß nachts auf die Heide hinausreiten und kann an magischen Laternen erkennen, wie lange Menschen noch zu leben haben.

Es wird manchen in Erstaunen versetzen, daß in diesem Märchen von einem »guten Teufel« erzählt wird. Er hat Mitleid mit dem verzweifelten Arzt, ähnlich wie der liebe Gott mit dem armen Mann im

Gevatter Tod. Indem der gute Teufel den Arzt die Lebenslichter der Menschen sehen läßt, lernen wir ihn ferner als Luzifer, als gefallenen Lichtengel, kennen. Wie Gevatter Tod hat der Teufel die Einsicht und Erkenntnis über die Lebensdauer der Menschen.

Der Vater in unserem Märchen lehnt den Teufel als Paten für seinen Sohn mit der Begründung ab, daß er die Menschen betrüge und verführe. Während das Gold und die Lust im Angebot des Teufels nicht von vornherein negativ zu deuten sind, werden sie jetzt in dem Urteil des Vaters verwerflich. Das Gold, das ich mit Geld umschrieben habe, ist nach der Teufelsvorstellung des armen Mannes scheinbar eindeutig negativ. Die Lust wird durch die verführerische Seite, die ihr gewiß auch innewohnt, ebenfalls verteufelt. Das Urteil des Vaters, daß der Teufel die Menschen betrüge und verführe, und andererseits das Angebot des Teufels selber, Gold und Lust zu geben, zeigen uns zwei verschiedene Betrachtungsweisen der handelnden Personen.

Jeder von uns kennt solche unterschiedlichen Betrachtungsweisen, wenn von verschiedenen Menschen jeweils ein und dieselbe Erfahrung beschrieben und beurteilt wird. Insbesondere wenn es um den Teufel geht, gehen die Meinungen schnell weit auseinander. Sie können das selbst einmal in einem kleinen Experiment erproben, indem Sie beim Gespräch im Bekanntenkreis fragen: »Wer möchte etwas mit dem Teufel zu tun haben?« Eine andere Frage könnte sein: »Wie stellen Sie sich den Teufel vor?« Sie werden mit solchen Fragen ein lebhaftes Streitgespräch auslösen. Die einen werden den Teufel verant-

wortlich machen für das Böse und Zerstörerische in
unserer Welt. Ein anderer könnte aus Goethes Faust
zitieren, wo sich Mephisto mit den Worten vorstellt:
»Ich bin der Geist, der stets verneint! Und das mit
Recht, denn alles, was entsteht, ist wert, daß es
zugrunde geht; drum besser wärs, daß nichts ent-
stünde. So ist denn alles, was Ihr Sünde, Zerstörung,
kurz, das Böse nennt, mein eigentliches Element.«
Während Gott als Prinzip der Schöpfung das Gute
darstellt, wird der Teufel als Prinzip des Zerstörerischen und des Bösen angesehen. Dieser Kampf zwischen Gott und Satan wird in der Offenbarung des
Johannes folgendermaßen beschrieben: »Und es war
Kampf im Himmel; Michael und seine Engel kämpf-
ten mit dem Drachen; auch der Drache kämpfte und
seine Engel, und sie siegten nicht, und ihre Stätte
ward nicht mehr im Himmel gefunden. Und der
große Drache, die alte Schlange, die Teufel und
Satan heißt, der Verführer der ganzen Welt, ward
geworfen und auf die Erde geschleudert, und seine
Engel wurden mit ihm geworfen.« Seitdem der Satan
aus dem Himmel verdrängt und auf die Erde
geschleudert wurde, ist auf Erden buchstäblich der
Teufel los. Ein nachdenklicher Gesprächsteilnehmer
sagte in einer Diskussionsrunde, daß die Frage nach
dem Teufel nicht allein unsere menschliche Problematik sei, sondern zu einem wesentlichen Teil auch
zu dem dunklen Gottesbild gehöre.

Mit der dunklen Seite im Gottesbild hat sich
C. G. Jung in leidenschaftlicher Ergriffenheit in seiner Schrift »Antwort auf Hiob« auseinandergesetzt,
in der er schreibt: »Jahwe ist nicht gespalten, sondern

eine *Antinomie,* eine totale innere Gegensätzlichkeit, die unerläßliche Voraussetzung seiner ungeheuren Dynamik, seiner Allmacht und Allwissenheit ist.«[8] Jung hat in seiner tiefenpsychologischen Betrachtungsweise dem modernen Menschen die Doppelgesichtigkeit Gottes in ähnlicher Weise nahegebracht wie einst Martin Luther, der von einem zürnenden und einem liebenden Gott sprach. Die Menschen neigen immer wieder dazu, die dunkle Seite Gottes abzuspalten und zu verteufeln. Jung dagegen meint, daß der Teufel ein Schatten Gottes sei und an ihn gebunden bleiben solle.

Es mag sein, daß durch die christliche Verteufelung der Dunkelseite Gottes auch in die Märchen Phantasien über den Satan eingeflossen sind. Andererseits stellt sich Satan in der genannten Variante zu unserem Märchen ausdrücklich als »guter Teufel« dar. Auch Gevatter Tod als Herr der Unterwelt, die zugleich auch als der Herrschaftsbereich des Teufels gilt, erscheint wesensverwandt mit dem Teufel. Was der Teufel mit seinem Angebot an Gold und Lust in Aussicht stellte, setzt Gevatter Tod für sein Patenkind in die Realität um. Es wird im Märchen ausdrücklich erwähnt, daß der erfolgreiche Arzt soviel Gold erhielt, daß er bald ein reicher Mann wurde. Die Lust schließlich betörte den Arzt in seiner Verliebtheit in die schöne Königstochter. Doch bis dahin ist im Märchen noch ein langer Weg zurückzulegen. Der nächste Schritt ist, wie Gevatter Tod als Pate angenommen wird.

Den Tod zum Freund haben

Er ging weiter, da kam der dürrbeinige Tod auf ihn zugeschritten und sprach: »Nimm mich zu Gevatter.« Der Mann fragte: »Wer bist du?« – »Ich bin der Tod, der alle gleich macht.« Da sprach der Mann: »Du bist der Rechte, du holst den Reichen wie den Armen ohne Unterschied, du sollst mein Gevattersmann sein.« Der Tod antwortete: »Ich will dein Kind reich und berühmt machen, denn wer mich zum Freunde hat, dem kann's nicht fehlen.« Der Mann sprach: »Künftigen Sonntag ist die Taufe, da stelle dich zu rechter Zeit ein.« Der Tod erschien, wie er versprochen hatte, und stand ganz ordentlich Gevatter.

Nachdem der arme Mann Gott und den Teufel als Paten für sein dreizehntes Kind abgelehnt hat, sind wir gespannt, wer ihm noch begegnen wird. Geschickt weiß sich der Tod als Pate mit den Worten anzubieten: »Nimm mich zu Gevatter!« Wir wissen aus den vorausgehenden Szenen, wie der liebe Gott den armen Mann bedauert hatte und der Teufel in etwas umständlicher Weise sein Angebot unterbreitete. Wohl oft in seinem Leben hatte der arme Mann derartige Redensarten gehört und war zunehmend mißtrauischer geworden gegenüber derartigen religiösen Vertröstungen. Die direkte Art des Todes dagegen spricht ihn an. Wohl selten in seinem Leben hatte er die Worte gehört: »Nimm mich...!« In seiner kinderreichen Familie hatte es wohl tagtäglich geheißen: »Gib mir... zu essen!« Bisher mußte der Vater immer der Gebende sein. Es erscheint mir gut denkbar, daß der arme Mann zum ersten Mal in seinem Leben die Worte hörte: »Nimm mich zu Gevatter!«

Vermutlich kann der Tod den armen Mann deswegen so schnell überzeugen, weil er sein Gefühl anspricht. Wenn wir uns in das Lebensschicksal des Vaters hineinversetzen, können wir wohl verstehen, daß er häufig verzagt und niedergeschlagen war. Da er ausdrücklich als armer Mann beschrieben wird, wird wohl oft Schmalhans Küchenmeister gewesen sein. Auch die vielen Kinder weisen darauf hin, daß in dieser Ehe die Sexualität und die Liebe das Brot der Armen gewesen sein mögen. Aufgrund der Notlage wird sich zunehmend Depressivität in der Familie breitgemacht haben. Als Folge dieser Niedergeschlagenheit werden sich Todessehnsucht und Todesgedanken eingeschlichen haben. Vielleicht wurde der Mann auch gelegentlich von Selbstmordgedanken gequält. Auf vielfache Weise wird er sich mit dem Tod angefreundet, oft in seinem Leben auf den Tod als den Gleichmacher gewartet haben. Ihm ist der Tod deswegen recht, weil er »alle gleichmacht«. Für ihn ist der Tod der einzige, der die Unterschiede zwischen Armen und Reichen aufheben kann. So spricht der Mann zum Tod: »Du bist der Rechte, du holst den Reichen wie den Armen ohne Unterschied, du sollst mein Gevattersmann sein.« Endlich scheint der arme

Mann seine ausgleichende Gerechtigkeit gefunden zu haben. Schnell, allzu schnell, sind sich der Vater und der Tod einig, sind sie sogar zu Freunden geworden.

Von der Lebenserfahrung des Vaters her dürfte die Entscheidung für den Gevatter Tod einsichtig sein. Doch er fällt diese Entscheidung nicht für sich, sondern für seinen Sohn. Betrachten wir den Verlauf des Märchens aus der Perspektive des Sohnes, so werden uns zu der Entscheidung des Vaters größte Bedenken kommen. Genaugenommen müßten wir sagen, daß der Vater keine persönliche Entscheidung getroffen hat, sondern sich eine bestimmte Entscheidung hat aufdrängen lassen. Was ist dies für ein Vater, der eine derart weitreichende Entscheidung für sein Kind fällt? Es ist allgemein bekannt, daß sich viele Eltern nicht bewußt darüber sind, welche Probleme sie ihren Kindern aufbürden. Oft, allzu oft, werden den Kindern die eigenen ungelösten Lebensprobleme »vererbt«. Viele Symptome und Schwierigkeiten der Kinder sind Ausdruck der ungelösten Probleme der Eltern.

Vordergründig betrachtet, sieht es so aus, als ob dem Kind der Auftrag in die Wiege gelegt werde, ein Problem zu lösen, mit dem die Eltern nicht fertig wurden. Solche Aufträge und Delegationen der Eltern an die nachfolgende Generation können unter einem negativen oder einem positiven Vorzeichen geschehen. Ersteres geschieht nach dem biblischen Spruch: »Die Väter haben saure Trauben gegessen, und den Söhnen sind die Zähne davon stumpf geworden.« Damit soll gesagt sein, daß die Kinder häufig auslöffeln müssen, was die Väter eingebrockt haben.

Ein positiver Aspekt bei der Delegation an die nachfolgende Generation ist, daß Kinder eine Aufgabe erhalten, an deren Lösung sie wachsen und sich entwickeln können.

Der entscheidende Auftrag, den der Vater dem Sohn in die Wiege gelegt hat, ist die Auseinandersetzung mit dem Tod und mit der Sterblichkeit. Daher wählt der Vater folgerichtig den zum Paten, der für das Problem kompetent ist. Die Weisheit des Märchens hat in Gevatter Tod ein Symbol geschaffen, das für den gerechten Ausgleich der Gegensätze sorgt. Damit trägt das Märchen dazu bei, den Tod einmal positiv zu sehen und ihn als Freund anzunehmen. Bei den meisten Menschen wird der Tod von seiner erschreckenden Seite gesehen und als Zerstörer des Lebens betrachtet. Im Christentum wird der Tod zumeist als »der Sünde Sold« angesehen, den Christus durch sein Leiden und Sterben überwunden hat. Nach unserem Märchen ist der Tod nicht nur ein Feind des Lebens, sondern schafft zugleich Raum für neues Leben. Man stelle sich einmal vor, es gäbe nicht den Tod und die Sterblichkeit. Es wäre ja in der Natur und in der Menschenwelt kein Platz für die folgenden Generationen. Daher ist das ewige Stirb und Werde der grundlegende Wandlungsprozeß in allem Lebendigen. Dieser Grundgedanke durchzieht das ganze Märchen und erreicht in der Lichtervision mit der Botschaft »erst muß eins verlöschen, ehe ein neues anbrennt« seine entscheidende Aussage. Neues Leben bekommt Atem und Lebensraum dadurch, daß Sterbende das Leben ausatmen und Platz machen für die kommende Generation.

Der Tod als der, der alle gleichmacht, hat als archetypische Symbolgestalt verschiedene Aspekte und Dimensionen. Für den armen Mann ist der Tod vor allem der, der ohne Unterschied den Armen wie den Reichen holt. Auch wenn nach den Erfahrungen der Armen die Unterschiede zwischen arm und reich im Leben nicht beseitigt werden können, so gibt es wenigstens eine ausgleichende Gerechtigkeit im Tode. Dieses Verständnis des Todes spiegelt nach meinem Eindruck etwas wider von der resignativen Lebenseinstellung des Vaters. Er scheint sich damit abgefunden zu haben, daß sich in diesem Leben und an den herrschenden Verhältnissen nichts ändern läßt. Dennoch überträgt er gerade an das dreizehnte Kind als den künftigen Helden der Familie die Aufgabe, an einem bisher unlösbar scheinenden Problem zu arbeiten.

Der Tod im Märchen spricht eine tiefe Wahrheit aus: »Wer mich zum Freunde hat, dem kann's nicht fehlen.« Da nicht das Problem von Armut und Reichtum das entscheidende Problem unseres Lebens ist, fehlt demjenigen in der Tat nichts mehr, der den Tod zum Freunde annimmt. Wer sich mit seiner Sterblichkeit so auseinandersetzt, der hat den ärgsten Feind der Menschen zum Freunde gewonnen. Damit stellt sich der Tod dar als ein Gleichnis für das notwendige Stirb und Werde. Während dem Vater mehr an einer Gleichberechtigung und Gleichsetzung von Armen und Reichen im Sterben liegt, ist nach der Selbstaussage von Gevatter Tod seine eigentliche Bedeutung eine ausgleichende Funktion mitten im Leben.

Die Bedeutung des Todes als Gleichmacher erschließt sich, wenn wir uns in das vieldeutige und vielschichtige Wortfeld von »gleich« vertiefen. Nach dem Herkunftswörterbuch der deutschen Sprache tönt in dem Wort »gleich«, wenn wir den Buchstaben g streichen, die »Leiche« an. Ursprünglich bedeutet gleich »denselben Körper, dieselbe Gestalt habend«. Übertragen wir diese Bedeutung auf das Sinnbild des ewigen Stirb und Werde, dann ist im Leben der Tod enthalten, und im Sterben keimt das Leben. Das Wort »gleich« bekommt so eine besondere Bedeutung. Damit werden paradoxe Erscheinungen beschrieben, wie zum Beispiel daß Licht gleichzeitig als Welle und als Korpuskel (Elementarteilchen) erscheinen kann. Damit nähern wir uns einer symbolischen Bedeutung von »gleich«, wie sie am eindrucksvollsten in dem Begriff Gleichnis erscheint. Ein Gleichnis ist das, was sich mit etwas anderem vergleichen läßt. In diesem Sinne wird der Tod als Gleichmacher ein Gleichnis für die Paradoxien im Leben. Der Tod ist ein Sinnbild für dessen andere und zumeist verborgene Seite.

Diese Zusammengehörigkeit von Leben und Tod möchte ich durch einige Verstehensmöglichkeiten aus der Tiefenpsychologie weiter verdeutlichen. Sigmund Freud[9] zum Beispiel unterschied zwischen einem Lebenstrieb und einem Todestrieb. Er betonte mehrfach, daß beide Triebe niemals isoliert auftreten, sondern zumeist unmerklich miteinander verwoben sind[10]. Auch C. G. Jung hob hervor, daß der Todestrieb keineswegs nur als das Prinzip des Tödlichen und Destruktiven aufzufassen sei. Vielmehr habe der Tod auch eine ganz andere Seite, die durch das Sterben zum Leben führe. In seiner ganzheitlichen Betrachtungsweise versuchte Jung, in den scheinbaren Gegensätzen den Sinn des vollständigen Lebens zu erfassen.

C. G. Jung hat auch gelehrt, daß alle Personen und Gestalten eines Märchens wie auch beim Traum verschiedengestaltige Persönlichkeitsanteile in einem einzelnen Menschen sein können. So betrachtet, wäre der Gevatter Tod eine Personifikation des bisher unbewußten Todestriebes oder Todeswunsches im Vater. Im Sohn, bei dem der Tod Pate steht, wäre die Wandlung des Problems dargestellt. Im Sohn können sich die im Vater unversöhnten Probleme lösen.

In einem ersten Schritt auf dem Wege zur Wandlung wird der künftige Arzt und Held seinem dunklen Paten anvertraut. Im Akt der Taufe wird das Kind sowohl einer überpersönlichen Macht übergeben als auch mit der dunklen und zumeist verborgenen Seite des Lebens verbunden. Die Taufe als Begegnung mit dem Tod ist auch im christlichen Taufverständnis enthalten. Paulus schreibt: »Wißt ihr nicht, daß alle, die wir in Jesus Christus getauft sind, die sind in seinen Tod getauft? So sind wir ja mit ihm begraben durch die Taufe in den Tod, auf daß, gleichwie Christus ist auferweckt von den Toten durch die Herrlichkeit des Vaters, also sollen auch wir in einem neuen Leben wandeln« (Römer 6,3 ff.). Eine Erneuerung des Lebens kann es nur durch den Tod geben. Die gleichen Zusammenhänge entdeckte Jung in seinen Studien zur Alchimie. Nach Jungs Forschung ist in der symbolischen Bildersprache der Alchimie ein seelischer Wandlungsprozeß dargestellt. Am Anfang dieses Weges steht die Begegnung und Auseinandersetzung mit dem Schwarzen, der Trauer und dem Tod. Es dürfte nicht schwerfallen, hierin eine Analogie zur Handlung in unserem Märchen zu sehen. Nach diesem Anfangszustand, der sogenannten »nigredo« (der Schwärzung), folgt die Weißung, dann die Gelbung und schließlich als Ziel des Prozesses die Rötung. Da viele Märchen während der Blütezeit der Alchimie im Mittelalter entstanden und erzählt wurden, ist anzunehmen, daß bestimmte Schritte der Reifung und Wandlung nach diesem Grundmuster beschrieben worden sind. Während der Vater in seiner Armut mit der großen Familie nur noch schwarz sehen konnte, wird es dem Sohn mit Hilfe von Gevatter Tod gelingen, auf die helle und lichte Seite des Lebens zu treten. In unserem Märchen klingt die Rötung in besonders eindrucksvoller Weise an in den sich rötenden Wangen der geheilten Königstochter. Doch damit sind wir dem Gang des Märchens schon ein ganzes Stück vorausgeeilt.

Verweilen wir zunächst bei der nächsten Szene des Märchens, wo der inzwischen herangewachsene Knabe von seinem Paten zu einem berühmten Arzt gemacht wird.

Der Tod zeigt das Heilkraut

Als der Knabe zu Jahren gekommen war, trat zu einer Zeit der Pate ein und hieß ihn mitgehen. Er führte ihn hinaus in den Wald, zeigte ihm ein Kraut, das da wuchs, und sprach: »Jetzt sollst du dein Patengeschenk empfangen.«

Nachdem wir schon im letzten Kapitel mit neuen Seiten des Todes bekannt wurden, erfahren wir jetzt, wie er sein Patenkind in die Heilbehandlung einführt. Dies geschieht in der Weise, daß der Knabe geheißen wird mitzugehen. Hier zeigt sich, daß die Führung und Leitung ganz auf seiten des Todes liegt. Während junge Menschen in diesem Alter heute in der Regel versuchen, ihren eigenen Weg, insbesondere auch ihren Berufsweg, unabhängig von einer Autorität zu finden, läßt sich dieser junge Mann ohne Widerspruch und Bedenken führen. Der Gevatter Tod wird hier als der Aktive und Handelnde beschrieben. So lernten wir ihn auch bei seiner Vorstellung kennen. So wie er ohne große Umstände auf den Vater zuschritt und einfach sagte: »Nimm mich zu Gevatter!«, so geht er auch zupackend mit dem Sohn um. »Er führte ihn hinaus in den Wald und zeigte ihm ein Kraut, das da wuchs.«

Der Knabe wird nicht ins Leben hineingeführt und damit in die Realität, sondern in einen Wald. Der Wald ist in vielen Märchen und Legenden ein geheimnisvoller Ort. Während man sich in der freien Landschaft umschauen und nach allen Seiten hin orientieren kann, braucht man im Wald einen Führer. Dieser sagt im Märchen, wo es lang geht und was zu finden ist. Tiefenpsychologisch betrachtet, kann der Wald ein Symbol für das Unbewußte sein, jenen geheimnisvollen Ort in der Tiefe eines jeden Menschen. Das Unbewußte ist das Ungewußte. Hier ist alles aufgehoben, was für die Bewältigung des Lebens wissenswert ist. Es ist auch eine Quelle der Weisheit und des Wissens. Für die persönliche Entwicklung von jungen Menschen kann es aber auch problematisch werden, wenn sie sich zu früh dieser inneren Seite des Lebens zuwenden. In der ersten Hälfte des Lebens geht es vor allem darum, seinen Platz im Leben zu finden und sich in der Berufsfindung sowie in Freundschaften zu festigen. Es hat oft tragische Folgen, wenn sich junge Menschen zu intensiv den eigenen seelischen und unbewußten Tiefen zuwenden. Wenn dann, wie in der Gegenwart, durch mangelnde Ausbildungsplätze und Arbeitslosigkeit die äußeren Bedingungen erschwert sind, ist die Verführung zum Rückzug auf die Innerlichkeit und damit eine narzißtische Selbstbezogenheit noch größer.

Das Kraut, von dem in dem Märchen die Rede ist und das später als ein wunderbares Heilmittel verabreicht wird, ist ein vieldeutiges Symbol. Mit dem Wort »Kraut« werden in manchen Märchen speziell die Pflanzen bezeichnet, die für den Menschen von

Nutzen sind. Während es in der Spruchdichtung von Hans Sachs heißt, daß gegen den Tod kein Kraut gewachsen sei, zeigt unser Märchen, daß der Tod durchaus auch ein Heilmittel weiß. In der Märchenfassung bei Bechstein wird von einem Heilkraut gesprochen. In der Erstfassung des Märchens der Gebrüder Grimm heißt es, daß der junge Doktor die Kranken an einer Flasche riechen lassen solle. In anderen Märchen und Mythen erscheint das wunderwirkende Heilmittel in Gestalt des Lebenswassers. Das Motiv des Lebenskrautes findet sich in dem deutschen Märchen »Die drei Schlangenblätter«. Schließlich sei noch das sumerische Gilgamesch-Epos erwähnt, in dem sich der Held auf die Suche nach dem Heilmittel des Lebens macht. Von einem alten Weisen erfährt er das Geheimnis: »Es wächst ein dorniges Kraut, das sticht wie die Dornen der Rose; kannst du dich dieses Krautes bemächtigen, kehr getrost nach Hause zurück!« Doch der Mensch kann sich des Allheilmittels nicht aus eigener Kraft bemächtigen. Wir sterblichen Menschen kennen den Weg zum Kraut des Lebens nicht mehr und bedürfen daher des wissenden Führers.

Das Heilkraut im Walde ist nach der tiefenpsychologischen Deutung die Heilkraft im Unbewußten des Menschen. Das Kraut ist im Märchen nicht zu verwechseln mit der »blauen Blume«, die zu suchen die romantisch begeisterte Jugend einst auszog. Bei dem Heilkraut handelt es sich um eine Medizin, die zusammen mit dem Erscheinen von Gevatter Tod zu Häupten eines Kranken therapeutisch wirksam wird. Es ist anzunehmen, daß der angehende Arzt in seiner

Kindheit oftmals im Walde gewesen ist und sicher auch unzählige Kräuter gesehen hat. Aber bisher fehlte die Anleitung und die Einweihung, welches Kraut gegen welche Leiden hilft. Vielleicht war für ihn, wie für viele Kinder heute, einfach alles »Unkraut«, und er hatte kein Wissen von dessen Wirkung. Ich habe aber den Eindruck, daß in unserer Zeit zunehmend mehr Menschen nach ihren Wurzeln fragen und damit auch auf der Suche sind nach den therapeutischen Kräften in sich selber.

Das Kraut ist, wie die Suche nach den eigenen Wurzeln, ein Sinnbild und Symbol für die therapeutische Kraft in uns. Nach meiner Erfahrung nehmen gerade angesichts der Bedrohung durch Atombomben und Raketen die Fragen nach den heilenden Kräften in uns zu. Es bleibt nicht nur beim Fragen, sondern viele spüren, daß es gegen das »Unkraut« der Lebensbedrohung und Vernichtung auch ein Gegenmittel gibt, wie das Heilkraut im Walde.

Es gibt für mich Augenblicke und Zeiten, in denen ich mich in meinen Phantasien und Träumen der Bilderwelt des Märchens ganz nahe fühle. Viele werden solche Erfahrungen kennen, daß man bei dem Umgang mit einem Märchen den Eindruck hat, daß sich die eigene Situation im Märchen widerspiegelt. Gevatter Tod ist für mich ein Bild und eine Personifikation für die tödlichen Bedrohungen unserer Zeit. Und gerade diese Gefahr wird nach dem Märchen zum Wegweiser zum Heilkraut im Unbewußten. Diese Weisheit meinte wohl auch der Dichter Hölderlin, wenn er schreibt: »Wo Gefahr ist, wächst das Rettende auch!«

Doch nicht nur von Kriegsbedrohungen können diese heilsamen Gegenkräfte mobilisiert werden, sondern auch von den ungelösten Schwierigkeiten und Problemen, die uns von unseren Herkunftsfamilien in die Wiege gelegt wurden. Wenn die Kinder des armen Mannes hungrig schlafen gehen mußten, sahen sie in ihren Alpträumen wohl oft den dürrbeinigen Sensenmann auf sich zukommen, der sie holen wollte. Gerade in dieser Familie wuchs nun einer als das dreizehnte Kind heran, der von einer Lösung der Familienprobleme träumte. Es ist nicht nur sein persönlicher Wunschtraum, endlich diesem Familienmilieu zu entwachsen, sondern der Knabe wird auch von den Sehnsüchten und Wünschen seiner Geschwister berührt gewesen sein.

In der Familientherapie werden diese zumeist verborgenen und motivierenden Antriebskräfte in der eigenen Persönlichkeit als Delegation bezeichnet. H. Stierlin beschreibt, wie vielfältig und vielschichtig derartige Aufträge sein können: »Delegation muß nicht immer pathologisch sein. Sie ist vielmehr oft Ausdruck eines notwendigen und legitimen Beziehungsprozesses: Indem wir uns delegieren lassen, erhält unser Leben Richtung und Sinn, es verankert sich in einer Kette von Verpflichtungen, die die Generationen überspannt. Als Delegierte unserer Eltern haben wir die Möglichkeit, unsere Loyalität und Integrität zu beweisen und Aufträge zu erfüllen, die nicht nur eine unmittelbar persönliche, sondern auch eine überpersönliche Bedeutung haben.«[11]

Wenn Sie für sich persönlich herausfinden möchten, welche Aufträge und Delegationen Sie erfüllen, dann sollten Sie einmal für sich eine Antwort finden zu den folgenden Fragen:

– Wer ist im Sinne des Märchens mein Pate?
– Wer oder was treibt mich zu meinen Leistungen an?
– Welche unbewußten Wünsche meiner Eltern erfülle ich?
– Was ist letztlich mein eigener Wunsch und mein Wille?

Das Märchen zeigt uns in seinem weiteren Verlauf, daß der junge Mann nicht wählen kann, welchen Weg und welchen Beruf er anstrebt, sondern daß er ganz auf die Führung seines Paten angewiesen ist. Dieser sagt: »Ich mache dich zu einem berühmten Arzt.« Nicht der Wunsch des Knaben ist hier gefragt, sondern der Wille des Paten wird in die Tat umgesetzt. Ich habe zahlreiche Menschen kennengelernt, die in ihren jungen Jahren bei dem Versuch einer Berufsfindung von ihren Angehörigen oder von Paten in eine bestimmte Richtung gedrängt wurden, die ihren eigenen Wünschen gar nicht entsprach. In der Regel kommt es dann im Verlauf des Berufslebens zu Krisen und zur Unzufriedenheit, wodurch die einstige übertriebene Beeinflussung erst bewußt wird. Wenn dann in der Lebensmitte, wenn ohnehin jeder besondere Entwicklungskrisen zu durchleben hat, diese sonst so verdeckte Berufskrise aufbricht, dann ist es für viele schwierig, sich neu zu orientieren. Man stelle sich einen Arbeiter oder Angestellten vor, der seine mehrköpfige Familie durchbringen muß und will. Wie sollte er sich in der ohnehin so schwierigen Arbeitsmarktlage noch umorientieren und in der zweiten Lebenshälfte noch das verwirklichen, was schon in seiner Jugendzeit sein tiefster Wunsch war? Oder man stelle sich eine alleinerziehende Mutter vor, die sich und ihr Kind versorgen muß. Wie sollte sie jenseits der Lebensmitte sich noch einen Jugendtraum mit einem Wunschberuf erfüllen können?

Es gibt nicht wenige Menschen, die als Kinder aus ärmlichen Verhältnissen in der Zeit ihrer Berufsfindung die Chance hatten, sich an wohlhabende Pflegeeltern oder Adoptiveltern anzupassen. Wer von ihnen hätte nicht begeistert und unkritisch zugegriffen, wenn ihnen ein Traumberuf, wie ihn damals und heute der Arzt noch immer darstellt, angeboten worden wäre?

Anzeichen des Lebens und des Todes

»Wenn du zu einem Kranken gerufen wirst, so will ich dir jedesmal erscheinen: steh ich zu Häupten des Kranken, so kannst du keck sprechen, du wolltest ihn wieder gesund machen, und gibst du ihm dann von jenem Kraut ein, so wird er genesen; steh ich aber zu Füßen des Kranken, so ist er mein, und du mußt sagen, alle Hilfe sei umsonst und kein Arzt in der Welt könne ihn retten. Aber hüte dich, daß du das Kraut nicht gegen meinen Willen gebrauchst, es könnte dir schlimm ergehen.«

In dieser Passage des Märchens wird klar zum Ausdruck gebracht, wie die Macht und die Herrschaftsverhältnisse zwischen dem Arzt und Gevatter Tod aufgeteilt sind. Der Tod ist der Herrschende und der Held des Märchens der Beherrschte. Wie ein rechter Arzt sich bescheiden muß, so wird dem angehenden Arzt eingeschärft, daß er nur behandeln darf, wenn er zu einem Kranken gerufen wird. Der Hilferuf des Kranken ist ein wichtiges Stück Aktivität. Die persönliche Motivation ist sowohl in der medizinischen Krankenbehandlung als auch in der psychologischen und psychotherapeutischen Behandlung eine grundlegende Voraussetzung.

»Wenn du zu einem Kranken gerufen wirst, so will ich dir jedesmal erscheinen.« Jedesmal soll es so sein. Damit ist der Handlungsspielraum des angehenden Arztes klar umrissen und zugleich sehr eingeschränkt. Er kann nichts aus eigener Verantwortung und aus eigener Einsicht tun. Alles hat sich nach dem Erscheinen von Gevatter Tod zu richten. Er entscheidet, ob Genesung und Leben möglich ist, oder ob der Tod bevorsteht. Wie im Märchen, so gilt auch heute: Medicus curat, natura sanat, der Arzt kuriert, die Natur heilt! Der behandelnde Arzt oder der Therapeut sind nur Heilgehilfen. Die entscheidenden Heilkräfte kommen aus der Natur oder, wenn wir in den seelischen Bereich hinüberschauen, aus der Tiefe der eigenen Seele. Beide Bereiche klingen im Märchen an, in dem das Heilkraut ja im Bereich der Natur zu finden ist, während das ausschlaggebende Erscheinungsbild von Gevatter Tod mehr zum seelischen Bereich gehört.

Gevatter Tod möchte ich als ein Erscheinungsbild aus der dunklen Tiefe unserer Seele verstehen. Die dunklen Schattenbilder aus der zumeist unbewußten Unterwelt in uns steigen von Zeit zu Zeit in unseren Phantasien und Träumen in den Kopf. Dann sehen wir, wie der Arzt im Märchen, ein Erscheinungsbild aus der Totenwelt zu unseren Häupten stehen. Ich möchte einige Erfahrungsbereiche aufzählen, in denen bei dem einen oder anderen gelegentlich dunkle Schattenbilder aus dem Reich der Tiefe vor das innere Auge treten können. In unser Bewußtsein kommen manchmal dunkle Ahnungen von etwas Bedrohlichem, das auf uns zukommen könnte. Bei

anderen sind es schwermütige Erinnerungen an krän-
kende oder gar krankmachende Erfahrungen in der
Vergangenheit, die wie dunkle Schatten die sonnige
Gegenwart verdunkeln. Ferner erlebt mancher in
depressiven Verstimmungen etwas von der dunklen
Stimmung aus der Unterwelt. Auch in unseren Träumen stehen von Zeit zu Zeit die Schattenbilder aus
der Unterwelt auf. Es sind Erscheinungsbilder von
Verstorbenen, die vor unser inneres Auge treten und
uns damit an das Schattenreich erinnern. Durch
einen Träumer erfuhr ich, wie er durch Beerdigungsträume einen erlebnismäßigen Zugang zu der bisher
ängstlich gemiedenen Tiefe seiner Seele fand. Nach
einem seiner letzten Beerdigungsträume faßte er die
Botschaft dieser Bilder für sich so zusammen: »Ich
nehme nicht nur im Traum an der Beerdigung teil,
sondern erde auch mein Ich und mein Bewußtsein in
der dunklen Tiefe.« Wenn Bilder des Todes in unseren Träumen aufsteigen, dann erleben wir etwas von
der Sehnsucht der Seele nach Tiefe und nach Unterwelt, dann steht uns Gevatter Tod zu Häupten. Ich
habe in meiner langjährigen Beschäftigung mit Todes-
träumen die Erfahrung gemacht, daß diese dunklen
Bilder keineswegs nur Ausdruck von Depression
oder gar Todessehnsucht sind, sondern auch neuen
Lebensmut vermitteln und Kräfte zur Heilung und
Genesung freisetzen können. Es ereignet sich zuweilen so, wie Gevatter Tod im Märchen spricht: »Wer
mich zum Freunde hat, dem kann's nicht fehlen.«
Während dem seelisch Leidenden die Kraft zum
Leben fehlt, kann sie dem wieder zufließen, der
einmal das Erscheinungsbild des Todes gesehen hat

und damit seiner Sterblichkeit innegeworden ist. Es ist, als kehre seine Energie angesichts des Todes um.

Das folgende Beispiel möchte verdeutlichen, welche Wirkungen von einem Traumbild zu Häupten ausgehen können.

Ein etwa siebzigjähriger Mann berichtete mir, wie er während des Erwachens aus der Narkose eine Traumvision hatte von einer lichten Gestalt zu seinen Häupten. Sie vermittelte dem Patienten die Botschaft und das Gefühl: »Ich werde leben! Ich werde wieder gesund!« Diese Traumstimme verbreitete nicht nur eine positive Stimmung, sondern mobilisierte auch außergewöhnliche Lebenskräfte zur Genesung, so daß der Heilungsprozeß nach Beobachtung der Ärzte weit überdurchschnittlich verlief. Für den Träumer waren diese Heilungskräfte unlöslich mit dem Erscheinen der Gestalt zu seinen Häupten verbunden. Obwohl dieses Ereignis inzwischen 25 Jahre zurücklag, wurde der Mann in seinen Gedanken und Phantasien immer wieder an diesen Traum erinnert. Als einfacher Mann hatte er sich bisher weder mit Märchen noch mit Träumen befaßt. Seit 25 Jahren suchte er aber nach einer Deutung des unvergeßlichen Traumes. Ich empfahl dem Fragenden unser Märchen »Der Gevatter Tod« und verwies insbesondere auf das Erscheinen zu Häupten eines Kranken, wie es sich auch beim Träumer ereignete. Das Märchen berührte und betraf den alten Mann sehr persönlich und verhalf ihm zum Verständnis seines Traumbildes.

Die Erscheinungsbilder aus der Schattenwelt des Todes werden nicht nur in Träumen und Phantasien sichtbar, sondern können, wie vom Arzt im Märchen, auch von Menschen mit dem sogenannten zweiten Gesicht gesehen und wahrgenommen werden. Als Beispiel für derartige Fähigkeiten gebe ich den Erfahrungsbericht einer englischen Krankenschwester, Joe Snell, wieder, die bei ihren Pflegefällen ähnliche Erscheinungen gesehen hat. Wegen der besonders eindrucksvollen Beschreibungen dieser Erfahrungen und dem Erscheinen des Todesboten zu Füßen oder des Lebensengels zu Häupten lasse ich ihre Schilderung in einem längeren Wortlaut folgen.

»Zu der Zeit, als ich den Mann zu pflegen hatte, der aus seinem Leben ein solch elendes seelisches und körperliches Wrack gemacht hatte, wurde im Spital ein Junge aufgenommen, dessen Bein bei einem Unfall gebrochen war. Er gehörte nicht zu meiner Station, aber es zog mich stark zu ihm, denn er hatte wohl die zarteste Art, die ich je bei einem Kinde fand, und er trug seine entsetzlichen Schmerzen mit bewundernswerter Geduld. Eines Tages sagte er zu mir: ›Ich werde froh sein, wenn die Zeit gekommen ist, daß ich von all diesen Leiden fort kann. Mein Vater erwartet mich bei ihm.‹ – ›Wo ist dein Vater, Kind?‹ fragte ich ihn. – ›Er ist mit den Engeln hinauf in den Himmel‹, antwortete er mit einem Lächeln auf seinem kleinen, blassen Gesicht. ›Die Engel holten ihn, und ich freue mich auf den Augenblick, wo sie mich abholen werden, um mich zu ihm zu bringen, denn ich liebe ihn sehr.‹ In der Nacht darauf stand ich an des Kindes Bett, als ich eine schattenhafte, *dunkle Form am Fußende des Bettes* bemerkte. Genau hinsehend, stellte ich fest,

daß die Form der eines menschlichen Wesens entsprach, doch undeutlich sichtbar, wie man Personen
durch dicken Nebel hindurch erkennt. Sie trug ein
langes Kleid, und ihr Gesicht war verhüllt. Ich
streckte meine Hand aus, um es zu berühren, konnte
aber nichts fühlen, obgleich ich sah, daß es noch da
war. Einen Augenblick später verschwand es. Ich
empfand etwas wie Furcht und hatte den Eindruck,
daß diese Erscheinung etwas Schreckliches bedeute.
Bevor der Morgen graute, starb der Knabe, wie ich
am nächsten Tage erfuhr. Später sah ich oft diese
dunkle Gestalt am Fußende des Bettes bei Patienten,
deren Zustand bedenklich war. Mit der Zeit erkannte
ich, daß das immer den baldigen Tod des Patienten
bedeutete. Seit jener ersten Erscheinung stellte ich
bei jedem Patienten, gleich ob es im Spital oder
Privatpflege war, fest, daß diese Gestalt erschien,
wenn die Zeit für das Ableben gekommen war. Meist
trat der Tod dann zwei oder drei Tage später ein.
Nicht lange, nachdem ich zum ersten Male die
dunkle Gestalt im Spital gesehen hatte, erschien mir
in auffallendem Gegensatz zu der verhüllten eine
andere. Es war eine helle, jugendliche Erscheinung,
in ein wolkenartiges, strahlendes Gewand gehüllt.
Zum ersten Male erschien mir diese Gestalt, als ich
bei einem Patienten wachte, dessen Befinden bedenklich war. Sie stand am *Kopfende*, mit erhobe-
nem rechtem Arm und nach oben weisendem Zeige-
finger, also der Haltung und dem Ausdruck, die *Hoffnung* bedeuten, wenigstens war das der Eindruck,
den ich davon hatte. Alle meine Befürchtungen für
den Patienten waren verscheucht. Sein Zustand bes-

serte sich dann sofort, und er war bald wiederherge-
stellt.«[12]

In der beschriebenen Erfahrung kommen zwei
Ereignisse zusammen, die ich mit C. G. Jung als
Synchronizitätsereignis bezeichne. Synchronizitätser-
eignisse und außersinnliche Wahrnehmungen »ent-
stehen unter bestimmten psychischen Bedingungen,
nämlich bei emotionalen Stimmungen, wie Interesse,
Erwartung, Hoffnung, Glauben etc. oder bei einer
objektiv emotionalen Situation, wie Tod, Krankheit
oder bei anderen ›numinosen‹ Gegebenheiten. Emo-
tionen folgen einem Instinktpattern, d. h. einem Ar-
chetypus.«[13]

Die Begegnung mit dem Tod und die Auseinandersetzung mit der eigenen Sterblichkeit beruhen auf
einem derartigen archetypischen Grundmuster unseres seelischen Erlebens.

Es ist bekannt, daß im Umkreis des Todes oft
außergewöhnliche Erfahrungen oder gar außersinnliche Wahrnehmungen gemacht werden. So gibt es
gelegentlich in der Sterbestunde eines Menschen ein
besonderes Erkennungszeichen, zum Beispiel bei
Angehörigen, die Hunderte oder gar Tausende Kilo-
meter entfernt leben. Derartige Ereignisse stellten
sich auch ein, wenn zum Beispiel im letzten Krieg der
Vater der Familie oder ein geliebter Sohn in Rußland
oder anderswo an der Front fiel. Besonders sensible
Mütter, die mit ihren Kindern seelisch stark verbunden sind, oder Angehörige mit einem ganz besonderen Ahnungsvermögen haben in jener Todesstunde
ein Zeichen empfangen.

Das Erscheinen des Todesboten bei den Todge-

weihten unserer Krankenschwester und das Erscheinen von Gevatter Tod im Märchen scheinen tiefenpsychologisch etwas zu tun zu haben mit einer besonderen psychischen Intensität des Erlebens. Diesen
Erfahrungen lohnt es auf seiten des Sterbenden und
auf seiten des Arztes oder der Angehörigen nachzuspüren. Vereinfachend gesagt, könnte man sich die
Situation im Angesicht des Todes so vorstellen, daß
der Todgeweihte wie ein »Sender« ist und der Arzt
oder die Angehörigen »Empfänger« dieser Todesbotschaft sind. Aus zahlreichen Zeugnissen von Sterbenden ist bekannt, daß sie eine Ahnung und häufig
sogar ein Wissen haben von dem nahenden Tod.
Dieses Ahnen und das Wissen um den Tod scheinen
bei intuitiven Menschen und all denen, die sich
besonders mit diesen letzten Fragen des Lebens auseinandergesetzt haben, ausgeprägt zu sein. Mit diesem Wissen gehen die meisten Sterbenden sehr
behutsam um. Sie werden es kaum den Angehörigen
mitteilen, die durch die Hektik ihres Alltagslebens
oder durch eigene Ängste vor dem Sterben nicht fähig
sind, ein Gespräch darüber mit dem Betroffenen zu
führen. Wer im Umkreis des Todes lebt, hütet dieses
Geheimnis und teilt es nur demjenigen mit, der dafür
offen und empfangsbereit ist. Unser Arzt im Märchen
hat die Fähigkeit, die Todesbotschaft zu spüren und zu
sehen.

Das Erscheinen von Gevatter Tod zu Häupten
oder zu Füßen ist aber auch ein Ausdruck dafür, daß
die meisten sterbenden Menschen diese Erfahrung
und dieses Wissen einem anderen mitteilen möchten.
Die psychische Ausnahmesituation im Angesicht des

Todes bewirkt zumeist eine besondere seelische Spannung, die sich in Phantasien, Bildern oder Träumen bei dem Sterbenden ausdrückt. Wie so häufig in unseren Träumen seelische Konflikte und psychische Spannungen in Bildergeschichten übersetzt und damit ein Stück verarbeitet werden, so scheint es auch bei der Todesangst und der Todeserfahrung zu geschehen. Nach dem genannten Modell von Sender und Empfänger scheint es nun so zu sein, daß ein sensibler Arzt oder ein geschulter Therapeut das innere Befinden des Sterbenden spürt oder gar »sieht« im Sinne einer inneren Einsicht. Seelsorger können zuweilen mit Hilfe ihres seelischen Empfindens das Ahnen oder Wissen eines Sterbenden aufnehmen, und ich glaube, daß auch Angehörige derartige Fähigkeiten in sich entdecken können und damit erspüren, wie es um einen Kranken oder Sterbenden steht.

Die Übermittlung der Todesbotschaft geschieht im Bereich des seelischen Erlebens und wird durch Bilder oder Phantasien sowie durch Träume übermittelt. Wer seine »seelischen Antennen« wenig entwickelt hat, wird aber wohl kaum wie der Arzt im Märchen sehen, wie es um einen Todkranken steht.

Aus diesen Erfahrungen läßt sich schließen, daß das Unbewußte die tiefere Wahrheit eines Menschen kennt und auch weiß, wie es um ihn steht.

Solche außergewöhnlichen Erfahrungen im Angesicht des Todes, die mit ganz besonderer seelischer Betroffenheit erlebt werden, finden einen Widerhall in den Märchen und Mythen der Völker. Wie der Arzt im Märchen im Einzelfall das Erscheinungsbild von Gevatter Tod sah, so hat zum Beispiel die mythenschaffende Phantasie der alten Griechen im Mythos von Thanatos (Tod) und Hades (Unterwelt) eine ähnliche Erfahrung aufbewahrt. Daher möchte ich nun die Zusammenhänge zwischen unserem Märchen und dem genannten Mythos aufzeigen. Für manchen Leser wird die mythische Bildersprache vielleicht etwas schwer verständlich sein. Da der Mythos viel älter ist als die erzählten Märchen, finden wir hier zu den Wurzeln des zumeist dunklen Geheimnisses des Todes.

In verschiedenen Bildern des Märchens wird der Mythos von Hades und Thanatos sichtbar. Er erzählt, daß der Gott Kronos die Welt unter seine drei Söhne Zeus, Poseidon und Hades aufteilte. Hades erhielt die Unterwelt als seinen Herrschaftsbereich, in dem Thanatos, der Gott des Todes, waltet. Bei diesem Motiv liegt der Vergleich mit unserem Märchen nahe, in dem Gott und der Teufel nicht weiter in die Handlung eingreifen, sondern alles auf den Tod hinausläuft.

In der Entfaltung des Mythos wurde Hades auch mit Pluto, dem Gott des Reichtums, gleichgesetzt. Aller Reichtum der Menschen kommt von Pluto. Dazu gehört auch die Nutzung der Pflanzen, insbesondere der Heilpflanzen. Es ist nicht schwer, auch dieses Motiv in unserem Märchen wiederzuerkennen. Dem Arzt wird das wunderkräftige Heilkraut im Walde gezeigt, das zu seinem Reichtum beiträgt. Ferner wird ausdrücklich erzählt, daß die Leute von weit und breit herbeikamen und den Arzt zu den Kranken holten und ihm so viel Geld gaben, daß er bald ein reicher Mann war.

Ein weiteres gemeinsames Motiv zwischen Mythos und Märchen ist die Unsichtbarkeit des Todes. Es wird erzählt, daß eine Tarnkappe den Hades unsichtbar machte. Nach dem Mythos heißt Hades auch Aidoneos, was der Unsichtbare bedeutet. Auch Gevatter Tod im Märchen ist unsichtbar und kann nur von dem Arzt gesehen werden. Nach dem Mythos kommt jedermann in das Totenreich. Es gibt für niemanden eine Rückkehr. Nur der mutige Held Herakles nimmt mit Hades den Kampf auf. So versucht auch in unserem Märchen der Arzt mit seinen Tricks Gevatter Tod zu überlisten. Diese List, die sonst in den Märchen und Mythen eine anerkannte Verhaltensweise bei der Auseinandersetzung der Sterblichen mit den Göttern ist, löst nach unserem Märchen ein starkes Rachegefühl bei Gevatter Tod aus. Es wird am Ende ausdrücklich erzählt, daß sich der Pate bei dem Umstecken der Lebenslichter absichtlich versieht, »weil er sich rächen wollte«. Dieser Haß erscheint im Mythos in Gestalt des Flusses Styx, dem Fluß des Hasses, der das Totenreich umströmt und bei dem die Götter schwören.

Schließlich sei noch die Höhle als Tor zur Unterwelt erwähnt. Nach dem Mythos sind Vulkane und Höhlen die Tore zur Unterwelt, durch die Hermes die Seelen hinabgeleitet. Auch in unserem Märchen wird der Arzt in die Höhle mit den unzähligen Lebenslichtern hinabgeführt. In dieser Höhle sinkt der Arzt zu Boden und fällt in die Hand des Todes. Es wird nicht ausdrücklich erwähnt, ob er stirbt oder aufgrund eines Tiefschlafes zu Boden fällt. Ich meine, wir könnten hier auch an den Schlaf denken, der im Mythos

Hypnos genannt wird und ein Bruder des Thanatos ist. Von manchen Menschen wird jedes Eintauchen in den Schlaf als ein kleiner Tod empfunden. Auch die unzähligen Schlafstörungen haben nach meiner Erfahrung oftmals damit etwas zu tun, daß viele sich nicht vertrauensvoll in diese Welt des Schlafes begeben können, weil sie wie eine Art Totenwelt empfunden wird.

Der Arzt im Märchen

Es dauerte nicht lange, so war der Jüngling der berühmteste Arzt auf der ganzen Welt. »Er braucht nur den Kranken anzusehen, so weiß er schon, wie es steht, ob er wieder gesund wird oder ob er sterben muß«, so hieß es von ihm, und weit und breit kamen die Leute herbei, holten ihn zu den Kranken und gaben ihm so viel Gold, daß er bald ein reicher Mann war.

Hinter der Geschichte vom Arzt im Märchen stehen sicher bestimmte geschichtliche Erfahrungen mit Ärzten. Die einzelnen Motive des Märchens gehörten ursprünglich verschiedenen Überlieferungen an und sind erst durch die Gebrüder Grimm zu unserer endgültigen Fassung zusammengefügt worden. Da der Arzt in seiner Auseinandersetzung mit dem Tod und der Sterblichkeit des Menschen die zentrale Gestalt unseres Märchens ist, dürfte es interessant sein, was über ihn in anderen Märchen erzählt wird.

Eine alte Variante unseres Märchens, die ebenfalls dichterisch überarbeitet worden ist, trägt den Titel »Der Königssohn und der Tod«[14]. Ein König suchte für seinen Sohn den weisesten aller Lehrer. Nach geraumer Zeit meldete sich ein Mann mit einem großen dunklen Hute und weitem Mantel und bot sich als Weiser zum Lehrer des Prinzen an. – Drei Jahre lang unterwies der Weise, der Tod, den Königssohn in einem einsamen Haus im Walde. Der Unterricht bestand in ständigem Schweigen. Als Lohn für seine Geduld erhielt der Prinz vom Tode die Gabe, alle Kranken heilen zu können, sofern er den Tod nicht am Fußende ihres Bettes erblickte. Der Tod gab ihm dazu den Vogel Karadrius, der die Krankheit aufsaugen und damit zum Himmel an die Sonne fliegen sollte, so daß die Krankheit von ihr verbrannt würde. Der Prinz erlangte großes Ansehen durch seine Kunst und ward später ein weiser König. – Als sein Lebensende nahte, bat er sich vom Tode die Gnade aus, noch ein Vaterunser sprechen zu dürfen, die ihm der Tod gewährte. Sein Schüler hielt aber mitten darin inne und vollendete es erst, nachdem er noch fast hundert Jahre gelebt hatte.

Ähnlich wie in unserem Märchen »Gevatter Tod« wird der Königssohn im Wald in das Geheimnis der Krankenheilung eingewiesen. In beiden Märchen ist das Erkennungszeichen für eine Heilung, daß der Tod am Kopfende steht. Das Motiv von dem Vogel Karadrius, der die Krankheit zur Sonne trägt, damit sie verbrannt wird, geht vermutlich auf den griechischen Mythos von dem geheimnisvollen Arzt Asklepios zurück, auf den ich später zu sprechen komme. Das letzte Motiv mit dem Vaterunser findet sich ebenfalls in manchen Märchen, die von der Auseinandersetzung mit dem Tod erzählen. Besonders hingewiesen sei noch auf das Gewand des Todes. Nach der germanischen Mythologie tritt Wodan mit einem breiten Hut und einem weiten Mantel auf. Ludwig Richter stellt den Tod in seinen Illustrationen zu Bechsteins Märchen ebenso dar.

Einen mythologischen Hintergrund zu unserem Märchen bildet auch der griechische Mythos von Asklepios und von Charon, dem Totenfährmann in die Unterwelt. Ähnlich wie andere Urbilder in immer neuen Symbolen Gestalt annehmen, so hat wohl Totenfährmann Charon das Bild von Gevatter Tod mitbestimmt und der göttliche Arzt Asklepios die Gestalt des Arztes in unserem Märchen beeinflußt. »Der berühmteste Arzt auf der ganzen Welt«, wie es im Märchen heißt, das war Asklepios. Als Sohn des Apollon und der Koronis ist er der Gott der Heilkunde. Als die Mutter mit dem göttlichen Knaben schwanger ging, wollte sie einem anderen Mann ihre Liebe schenken. Ein Rabe verriet dem Gott die Untreue. Da verfluchte Apollon den Unglücksboten, so daß er für alle Zeiten schwarz wurde. Dennoch rettete Apollon das Kind in der Stunde seiner Geburt und brachte es zu dem Kentauren Chiron, welcher es aufzog und besonders in der Heilkunde unterrichtete. Im Unterschied zu anderen Kentauren, die als wilde und schädliche Waldgeister beschrieben werden, ist Chiron weise, gerecht und menschenfreundlich. Nach dem Mythos war Chiron ursprünglich ein mächtiger thessalischer Gott, zu dessen Wesen besonders die Heilkunst gehörte. Der Mythos erzählt weiter, daß Asklepios durch eine Schlange ein wiederbelebendes Kraut kennenlernte. Dadurch gelang es ihm, auch Tote zum Leben zu erwecken. Da Zeus fürchtete, daß Asklepios ihm die Menschen entreiße, erschlug er ihn mit einem Blitz.

Die Heilkunst des Asklepios wurde von dessen Nachfolgern, von Priester-Ärzten, fortgesetzt. Die Asklepiaden, wie die angeblichen Nachkommen des Asklepios auch genannt wurden, errichteten im Verlaufe der Zeit in ganz Griechenland Tempel für den Heilgott. Die berühmteste Kultstätte des Asklepios war in Epidaurus. Durch die Funde bei den Ausgrabungen und durch die Überlieferung des Mythos läßt sich besonders in Epidaurus nachweisen, wie der Heilgott Apollon mehr und mehr verdrängt wurde und Asklepios seine Stelle einnahm. Die Therapie der Asklepios-Priester ging vor allem vom Psychischen aus. Nach rituellen Vorbereitungen legten sich die Kranken zu einem sogenannten Heilschlaf (Inkubation) im Tempel nieder. Es wurde erwartet und geglaubt, daß der Gott dem Kranken im Traume erschien und das richtige Heilmittel verkündete. Bei den Ausgrabungen wurden zahlreiche Votivtafeln gefunden, die von Wunderheilungen berichten.

Eine Entsprechung zwischen Mythos und Märchen ist die Rettung des Kindes, die sich im Märchen in der Patenschaft durch den Gevatter Tod widerspiegelt. Auch das Motiv des Heilkrautes findet sich in beiden Überlieferungen. Schließlich entspricht die Tötung des Arztes mit einem Blitz weitgehend dem tragischen Schluß unseres Märchens.

Die Zusammengehörigkeit und die Polarität von Leben und Tod, die in unserem Märchen in dem jungen Arzt und dem Gevatter Tod dargestellt werden, werden im Mythos mit den beiden Namen Chiron und Charon gezeigt. In der Namengebung für den göttlichen Arzt (Chiron) und den Totenfährmann

(Charon) zeigt sich das Wissen der Alten um diese Zusammengehörigkeit.

Neben dem mythologischen Hintergrund zu unserem Märchen gibt es die Überlieferungen von zahlreichen Wunderdoktoren des Mittelalters, die ebenfalls das Bild des Arztes im Märchen bestimmen. Einer der berühmtesten war Paracelsus (1493–1541). Er gründete seine Heilkunst und seine Medizin weder einseitig auf die Natur noch auf den Geist, sondern vielmehr auf das »Licht der Natur«. Für ihn war die Natur mit ihrem natürlichen Licht der Ausgangspunkt seines Erfahrungswissens. Aus dem umfassenden Schrifttum des Paracelsus hat der Medizin-Historiker H. Schipperges[15] einige Prinzipien herausgestellt, die auch die Struktur des Märchens vom Gevatter Tod bestimmen. Nach Paracelsus sind für einen Arzt die Philosophie, die Astronomie und die Alchimie die entscheidenden Prinzipien seiner Heilkunst. Wir müssen uns jedoch davor hüten, moderne Vorstellungen über Philosophie und Astronomie in diese Begriffe hineinzudeuten. Im Sinne von Paracelsus wird »philosophia« verstanden als umfassende Naturkunde, die die Weisheit der Natur und das »Licht der Natur« erkennt. Astronomie ist danach die Zeitkunde vom Werden des Lebens und vom Sterben, insbesondere das Wissen um die Sterbestunde. Sowohl die Kranken als auch der Arzt haben sich an den gesetzten Zeitpunkt des nahenden Todes, an die »Zeitigung« sagt Paracelsus, zu halten.

Die Alchimie schließlich ist nach Paracelsus die Kunde und das Wissen um die Prozesse in den natürlichen Heilmitteln. Indem der Arzt zum rechten Zeitpunkt, wenn der Gevatter Tod zu Häupten eines Kranken steht, das Heilmittel eingibt, sind Genesung und Heilung möglich.

Diese hier nur kurz beschriebenen Prinzipien aus der Lehre des Paracelsus finden sich in den Bildern des Märchens wieder. Die Astronomie als gesetzten Zeitpunkt des Sterbens finden wir in dem Erscheinen von Gevatter Tod zu Füßen eines Kranken, die Alchimie als Wissen um das Heilmittel, indem der Arzt das Kraut eingibt, wenn der Pate zu Häupten eines Kranken erscheint. Das Licht in der Natur schließlich zeigt sich in dem Erscheinen von Gevatter Tod und in der Hellsichtigkeit des Arztes, zu sehen, wo sein Pate steht. Schließlich leuchtet das »Licht der Natur«, von dem Paracelsus wiederholt spricht, in der Lichtervision am Ende des Märchens auf.

Nach diesen Parallelen und Hintergrundmotiven zu dem Märchen möchte ich abschließend dem persönlichen Erleben des Arztes nachspüren. Wie mag sich ein junger Mensch fühlen, der schnell »ein berühmter Doktor wurde«, wie es in der Erstfassung des Märchens heißt? In der vorliegenden Märchenfassung wird der Erfolg noch gesteigert, indem gezeigt wird, daß der Jüngling der berühmteste Arzt der ganzen Welt wurde. Manchem kommen wohl zu Recht Bedenken, wenn ein junger Mensch so frühzeitig zu außerordentlichem Erfolg gelangt. Den Erwartungen der Menschen zu entsprechen, immer außerordentliche Erfolge und Leistungen zu erbringen, kann auf Dauer sehr anstrengend sein.

Viele junge Menschen meinen, ihre Größenphantasien in derartigen Traumberufen am ehesten verwirklichen zu können. Doch was dabei verlorengeht, ist das eigene Selbst und im Verlaufe der Zeit auch das Selbstbewußtsein. Zunehmend fühlt man sich fremdbestimmt von den Delegationen und Wünschen der anderen. So kann auch unser Arzt im Märchen nicht zu seiner eigenen freien Entscheidung finden, sondern ist ganz von seinem Paten abhängig. Eine Zeitlang kann ein derartiges Spiel sogar noch Spaß machen. Im Märchen wird davon geredet, daß der Arzt keck sprechen kann, er wolle den Kranken gesund machen.

Häufig hängen die Größenphantasien eines Menschen mit erlittenen Kränkungen zusammen. Wer zum Beispiel als Kind immer wieder enttäuscht worden ist und von den Eltern dann keine Unterstützung und Ermutigung bekam, sucht seine Zuflucht und seinen Trost in der Phantasie. Hier kann jeder seine Welt so gestalten, wie es ihm beliebt, und natürlich ist man selber dabei immer der größte. Mit Hilfe der Größen- und Allmachtsphantasien kann man zum Beispiel durch geschlossene Türen gehen und Häuser mit einer Hand hochheben. In Auseinandersetzungen und Kämpfen ist man natürlich immer der Held und Sieger, indem man alle Feinde zusammenschlägt, ähnlich wie die Supermänner in Filmen. Manche Mädchen, die sich in der Pubertät als Mauerblümchen fühlten, träumten in ihren Größenphantasien davon, wie sie von vielen Männern umschwärmt werden und aus Rache alle abblitzen lassen. Die Flucht in eine Wunschwelt wird insbesondere dann angetreten, wenn die Realität unbefriedigend ist. Konflikte können dazu führen, daß man eine Auseinandersetzung vermeidet und in die Phantasiewelt ausweicht. Besonders ehrgeizige Menschen haben Allmachtsphantasien, die der Erhöhung der eigenen Persönlichkeit dienen. Bei unserem Arzt im Märchen könnten es auch erotische oder sexuelle Wünsche sein, die in Ermangelung einer realen Partnerbeziehung die Phantasie aufblähten. Nach seinen Berufserfolgen wird er später von der Liebe zur schönen Königstochter derart betört, daß er alle Warnungen seines Paten in den Wind schlägt. Auch in diesem Verhalten zeigt sich das Ausweichen vor der Realität in eine selbst geschaffene Wunschwelt, das ich als Gefahr der Größen- und Allmachtsphantasien beschrieben habe.

Fragen wir abschließend, wie wir ein derart aufgeblähtes Seelenleben und unrealistische Phantasien durch Realitätserfahrung verändern können. Unser Selbstwertgefühl und unsere Selbstachtung können wachsen und sich entfalten, wenn wir gute Beziehungen zu unseren Mitmenschen erleben. Wenn wir einen gewissen Erfolg in der Arbeit und in der Liebe haben, brauchen wir die Realität nicht mehr durch derartige Phantasien zu verzerren. Die Größenphantasien hören auf, wenn wir uns akzeptieren lernen und annehmen, wie wir sind. Wer im Frieden mit sich selber lebt, weil Kränkungen vernarbt oder heil geworden sind, der braucht keine Flucht mehr in verwirrende Größenphantasien.

Die beiden nächsten Szenen zeigen dagegen deutlich, wie sich der erfolgreiche Arzt übernimmt und dabei schließlich zu Tode kommt. Doch zunächst führt ihn seine steile Karriere noch höher hinauf: der erkrankte König läßt ihn rufen.

Der kranke König

Nun trug es sich zu, daß der König erkrankte: der Arzt ward berufen und sollte sagen, ob Genesung möglich wäre. Wie er aber zu dem Bette trat, so stand der Tod zu den Füßen des Kranken, und da war für ihn kein Kraut mehr gewachsen. Wenn ich doch einmal den Tod überlisten könnte, dachte der Arzt, er wird's freilich übelnehmen, aber da ich sein Pate bin, so drückt er wohl ein Auge zu: ich will's wagen. Er faßte also den Kranken und legte ihn verkehrt, so daß der Tod zu Häupten desselben zu stehen kam. Dann gab er ihm von dem Kraute ein, und der König erholte sich und ward wieder gesund. Der Tod aber kam zu dem Arzte, machte ein böses und finsteres Gesicht, drohte mit dem Finger und sagte: »Du hast mich hinter das Licht geführt: diesmal will ich dir's nachsehen, weil du mein Pate bist; aber wagst du das noch einmal, so geht dir's an den Kragen, und ich nehme dich selbst mit fort.«

Das Märchen erzählt, daß der König erkrankte und der berühmte Arzt gerufen wurde und sagen sollte, »ob Genesung möglich wäre«. Obwohl er nach Aussage des Textes nur zur Diagnose gerufen wurde, beginnt er sogleich aktiv mit der Therapie. Dabei ist dem erfolgreichen Arzt offensichtlich jedes Mittel recht, und es besteht die Bereitschaft, selbst das eigene Leben aufs Spiel zu setzen. Bereits bei der Diagnosestellung hat er den Durchblick, daß es sich um eine Krankheit zum Tode handele. Weil Gevatter Tod zu den Füßen des Kranken stand, war gegen den Tod kein Kraut mehr gewachsen. Was nun motiviert den Arzt, den Tod zu »überlisten«? Vordergründig könnte man sicher annehmen, daß durch die erfolgreich durchgeführte Behandlung des Königs sein Ansehen als Arzt noch größer würde. Vielleicht wußte er als gut informierter Arzt auch um die ledige Königstochter und hatte vielleicht schon bei dieser Behandlung die Phantasie, bei dem König einen Wunsch äußern zu dürfen. Doch diese Begegnung wird erst in der nächsten Szene dargestellt.

Nach meinem Verständnis des Märchens und der Märchensymbolik geht es bei der Gestalt des Königs nicht nur um seine Person, sondern darum, daß er der Repräsentant ist für das Königtum, für die herrschende Klasse, für das Herrschaftsprinzip schlechthin. Bisher ist der junge Arzt ja in einer reinen »Männergesellschaft« groß geworden und lebt darin. Wir hörten bisher von dem Vater des Helden, von Gottvater, Gevatter Tod und jetzt schließlich von dem König. An keiner Stelle war bisher von einer Auseinandersetzung mit diesen verschiedenen Vätern die Rede. Erstmalig wagt der Arzt im Angesicht des kranken Königs, sich mit dem Gevatter Tod auseinanderzusetzen. Er wendet List an, indem er den Patienten einfach umdreht, und damit kommt Gevatter Tod ans Kopfende zu stehen.

Die List ist in manchen Mythen und Märchen angewendete Lebensklugheit. Es gelingt auch dem Arzt, durch das Umdrehen des Patienten den Tod auszutricksen. Mancher wird sich an dem so einfachen Trick, auf den man natürlich erst einmal kommen muß, freuen. Wenn eine Überlistung gelingt, sympathisieren und identifizieren wir uns gerne mit dem sogenannten Trickster. Unser Arzt ähnelt darin dem griechischen Gott Hermes-Merkurius, der auch manchmal als Trickster erscheint. Als Grenzgänger ist er der Gott der Reisenden, Kaufleute und Diplomaten. Auch Diebe und Taschenspieler berufen sich bei ihren Tricks gerne auf Hermes, der sich nicht immer an die gesetzten Grenzen der Moral hielt.

Nach vollbrachter Tat sieht sich der Gevatter Tod »hinter das Licht geführt«. List und Licht werden hier wegen ihrer sprachlichen Ähnlichkeit miteinander in Beziehung gebracht. Durch eine List kann man hinters Licht geführt werden. Der Tod, der in manchen Märchen auch mit Luzifer als dem gefallenen Engel des Lichtes in Verbindung gebracht wird, steckt am Ende dem Arzt ein Licht auf und führt ihn in die Höhle mit den unzähligen Lichtern. Während wir bei dem Tod oft an eine dunkle und unheimliche Macht denken, erweist dieser sich als ein Führer und Geleiter ins Licht.

Doch damit sind wir dem Gang des Märchens schon weit vorausgeeilt. Verweilen wir zunächst noch bei den Tricks und der List. Über die Anwendung von Tricks in der Medizin und in der Krankenbehandlung wäre an dieser Stelle eine Menge zu sagen. Aus verständlichem und gutem Grund versucht die

Medizin bis heute, das Sterben und den Tod hinauszuzögern und das Leben zu verlängern. Doch andererseits ist auch kritisch anzumerken, daß eine Krankenbehandlung, die dies sozusagen um jeden Preis versucht, letztlich nicht zum Wohle des Menschen ausschlägt.

Häufig begegnen wir in Märchen einem alten oder kranken König. Im König konzentrierten sich die Herrschaft, die Macht und die Gewalt. In der Bezeichnung »König von Gottes Gnaden« kommt zum Ausdruck, wie die irdische Machtfülle noch durch eine himmlische Instanz sanktioniert wurde.

Wenn die Märchen so etwas wie kollektive Träume der Völker sind, dann wird in dem König die geltende Bewußtseinseinstellung eines Volkes personifiziert. »Vom psychologischen Standpunkt aus gesehen stellen Könige und Königinnen die herrschenden Meinungen und Prinzipien unseres persönlichen Lebens dar, die Obervorstellungen religiöser, politischer und wissenschaftlicher Art, die Regeln, denen wir uns wie selbstverständlich unterwerfen, die Leitgedanken, nach denen wir unser Leben führen, die Grundgefühle, die es prägen.«[16] Wenn nun im Märchen von einem alten oder kranken König erzählt wird, dann wird damit gesagt, daß diese herrschende Macht keine überzeugende Wirkung mehr hat. Das Königtum wird oft durch einen Märchenhelden, der das neu aufkommende Bewußtsein symbolisiert, außer Kraft gesetzt. Genau an dieser Stelle scheint es nun zwei einander widerstrebende Tendenzen zu geben. Während Gevatter Tod zu Füßen des Königs erscheint und damit den Tod des herrschenden Prinzips ankündigt, unterstützt unser Märchenheld diese Ablösung der bestehenden Herrschaftsverhältnisse nicht, sondern scheint durch sein ärztliches Handeln dazu zu neigen, die bestehenden Herrschaftsverhältnisse zu pflegen und aufrechtzuerhalten.

Viele Institutionen sind auch in unserer gegenwärtigen Gesellschaft und Demokratie damit befaßt, die bestehenden Verhältnisse, selbst die angekränkelten, zu stabilisieren und zu erhalten. Auch das ärztliche Gesundheitswesen, die Psychotherapie, die psychologischen Beratungsdienste und viele andere soziale Einrichtungen unseres Staates und der Kirchen dienen oft dem Zweck, daß die Menschen sich in den Dienst der Produktion stellen und möglichst angepaßte und unauffällige Glieder der Gesellschaft sind.

Vermutlich möchte sich der überaktive Arzt, der ursprünglich nur nach der Diagnose gefragt wurde, mit seiner eifrigst eingeleiteten Krankenbehandlung andienen und sich damit hineinarbeiten in die bestehenden Herrschaftsverhältnisse. Er übersieht dabei geflissentlich, daß von einer anderen Instanz (in unserem Fall von Gevatter Tod) über das Leben oder den Tod entschieden worden ist. Was der Arzt von dem König fernhalten will, kommt nun in drohender Gebärde auf ihn selbst zu.

In dem aktiv handelnden Arzt und dem passiv leidenden König sind zwei menschliche Grundhaltungen dargestellt. Auf Wunsch des Königs sollte der Arzt gerufen werden, um zu sagen, »ob Genesung möglich wäre«. Wer krank ist, weiß oft um die Notwendigkeit des Sterbens und der damit einhergehenden Verwandlung. Mir will scheinen, daß dem kranken König eine tiefere Weisheit und ein besseres Wissen innewohnen als dem aktiv handelnden jungen Arzt. Wandlung kann nur geschehen durch Sterben und Erneuerung. Wenn der König zugleich auch Herrscher von Gottes Gnaden ist, dann wird mit dieser Symbolgestalt auch ein grundlegendes Gesetz dargestellt, dem selbst überpersönliche Mächte gehorchen. Gevatter Tod wäre dann jene Macht, die das abgelebte, überholte Gottesbild sterben läßt, damit sich etwas Neues anbahnen kann.

So wie der alte König vielleicht sterben wollte, um einem jungen Herrscher Platz zu machen, so veralten auch manche überholten Gottesbilder. Für mich ist dabei eine Unterscheidung zwischen dem herrschenden Gottesbild und der Existenz des lebendigen Gottes selbst sehr wichtig. Mit »Gottesbild« sind hier alle jene menschlichen Anschauungen und Überzeugungen gemeint, die Menschen sich im Verlauf ihres Lebens oder im Verlauf einer Epoche über ihren Gott machen. Ähnlich wie sich heute das Weltbild durch neue wissenschaftliche Entdeckungen wandelt, ist auch das Gottesbild einem stetigen Wandel unterworfen. Dabei ist es oft eine schwierige Entscheidung, ein vertrautes Gottesbild und liebgewordene Vorstellungen von Gott aufzugeben zugunsten einer gemäßeren Überzeugung und Grundhaltung dem Heiligen gegenüber. Mit diesen Überlegungen befinden wir uns keineswegs außerhalb des Märchens, sondern haben wieder die Brücke zum Anfang geschlagen, wo ausdrücklich von einer Abweisung der Patenschaft Gottes die Rede ist. Wir erinnern uns, daß dem Vater des jungen Helden die Religionskritik an Gott in den Mund gelegt wurde: »Du gibst den Reichen und lässest den Armen hungern.« Auch wenn dann hinzugefügt wird, daß so der Mann sprach, »weil er nicht wußte, wie weislich Gott Reichtum und Armut verteilt«, so ist uns heute durch das sogenannte Nord-Süd-Gefälle mit den Fragen der Verteilung der Schätze und lebensnotwendigen Güter das Problem des Ungleichgewichts um so deutlicher. Auch wenn Gott weislich Reichtum und Armut verteilt, scheint dies letztlich nicht über die Menschen hinwegzugehen, sondern ist in ihre Hände gelegt. Wie der junge Arzt im Märchen wider besseres Wissen handelt, so handeln auch heute viele verantwortliche Menschen wider besseres Wissen, indem sie die alte Ordnung künstlich aufrechterhalten.

Die Liebe zur schönen Königstochter

Bald hernach fiel die Tochter des Königs in eine
schwere Krankheit. Sie war sein einziges Kind, er
weinte Tag und Nacht, daß ihm die Augen erblindeten, und ließ bekanntmachen, wer sie vom Tode errettete, der sollte ihr Gemahl werden und die Krone
erben. Der Arzt, als er zu dem Bett der Kranken kam,
erblickte den Tod zu ihren Füßen. Er hätte sich der
Warnung seines Paten erinnern sollen, aber die große
Schönheit der Königstochter und das Glück, ihr
Gemahl zu werden, betörten ihn so, daß er alle
Gedanken in den Wind schlug. Er sah nicht, daß der
Tod ihm zornige Blicke zuwarf, die Hand in die Höhe
hob und mit der dürren Faust drohte; er hob die
Kranke auf und legte ihr Haupt dahin, wo die Füße
gelegen hatten. Dann gab er ihr das Kraut ein, und
alsbald röteten sich ihre Wangen, und das Leben
regte sich von neuem.

In der vorigen Szene wollte der König diagnostiziert
haben, ob Genesung möglich wäre. Jetzt steigert
sich die Aufgabe, und es soll festgestellt werden, ob
Errettung vom Tode möglich ist. Obwohl der König
am eigenen Leibe die wunderbare Heilung durch den
erfolgreichen Arzt erlebt hatte, läßt er ihn nicht rufen

zur Behandlung der tödlich erkrankten Tochter. Es erfolgt vielmehr eine Bekanntmachung, wer die Königstochter »vom Tode errette, der solle ihr Gemahl werden und die Krone erben«. Damit bleibt es den praktizierenden Ärzten überlassen, ob sich jemand auf den schwierigen Fall einer tödlichen Krankheit einlassen will. Offensichtlich fühlt sich der Arzt unseres Märchens kompetent für die Wunderheilung. Auch als er den Tod zu Füßen der Königstochter erblickt und sich damit der Warnung seines Paten hätte erinnern sollen, versucht er erneut eine Überlistung des Todes mit dem schon einmal erprobten Trick.

Die entscheidende Motivation und Kraft beim Arzt zur Errettung der Königstochter vom Tode ist die Liebe. Es wird ausdrücklich gesagt, daß die große Schönheit der Königstochter und das Glück, ihr Gemahl zu werden, den Arzt so betörten, daß er alle »Gedanken in den Wind schlug«. Auch den zornigen Blick und die drohenden Gebärden des Todes sah er nicht. Liebe macht blind, sagt das Sprichwort. Wenn die Liebe das Herz entflammt, werden oftmals alle Gedanken in den Wind geschlagen. Während es in der Erstfassung des Märchens bei den Gebrüdern Grimm heißt, daß der Arzt durch die Schönheit der Prinzessin ganz in Erstaunen versetzt war und alle Warnungen vergaß, schildert unsere Szene noch stärker die Auswirkungen der betörenden Liebesgefühle. Damit kommt zum ersten Male in unserem Märchen die Liebe ins Spiel. Bisher erzählte das Märchen von den ärmlichen Familienverhältnissen und von der Einweihung des Arztes in das Geheimnis der wunderwirkenden Medizin. Jetzt geht es um das Geheimnis der Liebe, von der es im Hohenlied heißt, sie sei stark wie der Tod. Es heißt dort ferner von der Liebe, daß ihre Leidenschaft unbezwinglich sei wie die Unterwelt. »Ihre Glut ist feurig und eine Flamme des Herrn, daß auch viele Wasser nicht mögen die Liebe auslöschen noch die Ströme sie ertränken. Wenn einer alles Gut in seinem Hause um die Liebe geben wollte, so gälte es alles nichts.«

Für diese Liebe wagt unser Märchenheld nicht nur seine ärztliche Kunst, sondern sein eigenes Leben einzusetzen. In dieser Szene kommt die Begegnung mit dem Tod und die Auseinandersetzung mit der Sterblichkeit zu ihrem Höhepunkt. Auch wenn von der Liebe und der Leidenschaft im Hohenlied gesagt wurde, daß sie unerbittlich und unbezwinglich seien wie die Unterwelt, so erweist sich der Tod im Märchen und in unserer Erfahrung stärker als die Liebe.

Die Art der schweren Krankheit der Königstochter wird nicht mitgeteilt. Aus dem Zusammenhang lassen sich jedoch einige Rückschlüsse zum Verständnis dieser Krankheit ziehen. Es heißt, daß sie das einzige Kind war und der Vater um ihre Krankheit so viel weinte, daß er erblindete. Die tiefe Betroffenheit des Königs läßt etwas ahnen von der herzlichen Verbundenheit zwischen Vater und Tochter. Ähnlich wie es oft zwischen Müttern und Söhnen eine besonders herzliche Beziehung gibt, so auch zwischen Vätern und Töchtern. Da von einer Königin im Märchen nicht die Rede ist, scheint sie schon gestorben zu sein, so daß der Vater seine ganze Liebe und Fürsorge auf dieses einzige Kind übertragen hat. Dennoch ist der

Vater infolge der tödlichen Krankheit der Tochter zu einer Ablösung bereit. Er läßt bekanntmachen, wer die Prinzessin vom Tode errette, der solle ihr Gemahl werden und die Krone erben. Für die Heilung und Errettung ist der König bereit, sein Königreich und seine Tochter herzugeben.

Die schwere Krankheit der Königstochter könnte eine Art Flucht in die Krankheit gewesen sein, um sich auf diese Weise von der zu engen Bindung an den Vater zu befreien. In der Lebensberatung und in der Psychotherapie sowie in den ärztlichen Sprechstunden erscheinen zunehmend Menschen mit seelisch bedingten Krankheiten, weil ihnen auf keinem anderen Wege eine Lösung ihrer Schwierigkeiten möglich ist. Die unlösbar erscheinenden seelischen Leiden führen zu sogenannten psychosomatischen Erkankungen. Bei diesen körperlichen Erkrankungen liegen die Ursachen nicht allein im Körper selbst, sondern im seelischen Bereich. Die körperlichen Funktionen werden in Mitleidenschaft gezogen, weil im geistigen und seelischen Bereich bestimmte Affekte und Hemmungen unlösbar sind. Obwohl die Abgrenzung der psychosomatischen Krankheiten von den rein organischen für die Ärzte ein sehr schwieriges Problem ist, lassen sich doch beispielhaft einige Krankheitsbilder nennen. So gibt es seelische Ursachen bei zahlreichen Hautkrankheiten und bei allergischen Krankheiten. Es ist bekannt, daß Magengeschwüre, Verstopfung und manche Form der Dickdarmentzündung seelische Ursachen haben. Zu den psychosomatischen Krankheiten zählen ferner die Magersucht, die Fettsucht, Migräne und manche

Formen der Zuckerkrankheiten, Kopfschmerzen, Schlafstörungen, Heuschnupfen und Störung der Atmung, insbesondere das Asthma. Ferner gibt es unspezifische Schmerzsyndrome wie Nacken-, Rükken- und Kreuzschmerzen, die seelisch bedingt sein können. An diesen Fragen interessierte Leser verweise ich auf einige Arbeiten zur psychosomatischen Medizin[17].

Bei der schweren Krankheit der Prinzessin könnte es sich also um seelisch bedingte Leiden handeln. Es mag dahingestellt bleiben, ob wir dabei an tiefe seelische Niedergeschlagenheit und Depression denken sollten. Der Hilferuf des Vaters zur Errettung der Tochter vom Tode läßt auch an Selbstmordabsichten denken. Die schwere Krankheit der Prinzessin ruft den Arzt auf den Plan. Während der Behandlung stellt sich die Liebe zueinander ein. Und in der Prinzessin regt sich das Leben von neuem durch das Heilkraut. Aber ebenso wirksam dürfte die endlich gefundene Liebe gewesen sein, die ihre Wangen rot macht.

Spüren wir der neu erwachten Liebe in der Seele des Arztes nach. Unter der Betörung haben wir uns eine Art Verzauberung oder Faszination vorzustellen, die von der Schönheit der Prinzessin ausging. So verführerisch und hinreißend die Liebe auf der einen Seite sein kann, so kann sie andererseits auch gedankenlos machen und in den Tod führen, wie unser Märchen zeigen wird. Wenn die Liebe einen Mann verhext, erweist sie sich nicht nur so stark wie der Tod, sondern kann auch in die Hände des Todes geraten lassen. Wer die Liebe erlebt, kann oft nur im nachhinein sagen, ob sie eine »Himmelsmacht« war oder eine Botin des Todes.

Die Bekanntmachung des Königs bekommt die größte Aktualität, wenn wir die tödliche Krankheit der Königstochter auf dem Hintergrund unserer heutigen Todesbedrohung durch Atombomben und Raketen sehen. Wenn männliches Planen und technisches Konstruieren zur Vernichtung des Lebens auf dieser Erde führen, dann scheinen wir Männer, wie der Arzt im Märchen, bereits in der Hand des Todes und unter der Macht des Zerstörerischen zu sein. Noch ist nicht ganz entschieden, ob die Bedrohung zum Tode führt, oder ob uns ein neues Licht zur Erkenntnis und zur vernünftigen Entscheidung aufgesteckt wird.

Warum findet die Liebe zwischen der schönen Königstochter und dem Arzt keine Erfüllung? Nach meiner Einsicht in die Zusammenhänge des Märchens und nach meiner Erfahrung in der Eheberatung scheitert die Liebesbeziehung aus persönlichen und überpersönlichen Gründen. Obwohl das letztere der entscheidende Grund dafür ist, daß der Arzt in die Hände des Todes gerät, möchte ich von der Situation des Märchens her einige Erfahrungen nennen für das Scheitern der Liebesbeziehung. Durch die besondere Familiensituation war es den beiden verwehrt, sich in der Liebe zu begegnen und eine dauerhafte Bindung einzugehen. Wir erinnern uns, daß im Märchen davon geredet wird, daß die kranke Königstochter das einzige Kind des Vaters ist. Es kommt häufig vor, daß Einzelkinder mit sehr viel Liebe und auch Sorge umgeben werden und daher in eine besondere Abhängigkeit zu den Eltern kommen. In unserem

Falle scheint die Bindung der Königstochter an den Vater besonders intensiv zu sein. In der Lebensberatung und Therapie machen wir häufig die Erfahrung, daß Mädchen und Frauen mit einer zu starken Vaterbindung es schwer haben, sich in Liebe und Vertrauen einem Partner und Ehemann hinzugeben. Auch auf seiten des Arztes im Märchen dürfte es mit den Beziehungsschwierigkeiten und dem Liebesproblem ähnlich sein wie bei vielen Männern, die keine Mutterliebe oder eine unzureichende Elternliebe erlebt haben. Wer nicht geliebt wurde oder sich nicht geliebt fühlen konnte in seinem Leben, hat es schwer, in der Partnerbeziehung Liebesgefühle zuzulassen und zu erleben.

Über diese persönlichen Erfahrungen hinaus scheint es in der Liebe zwischen dem Arzt und der Königstochter deswegen keine Erfüllung zu geben, weil im Märchen vor allem ein überpersönliches Problem behandelt wird, nämlich die Auseinandersetzung mit der Sterblichkeit und die Begegnung mit dem Tod. Wir erinnern uns an den Weisheitsspruch, daß die Liebe stark sei wie der Tod. Offensichtlich weiß die Weisheit des Märchens darum, daß die Liebe eben nicht stärker sein kann als der Tod. Weil der Tod das Thema ist, mußte die Erfahrung mit der Liebe scheitern oder bildet nur einen weiteren Schritt zur Auseinandersetzung mit der Sterblichkeit. Dieses Märchen zeigt uns keine Entwicklungsschritte auf dem Wege der Liebe, sondern führt uns mit der Höllenfahrt des Helden tiefer hinein in das Geheimnis des Todes.

Die Höllenfahrt des Helden

Der Tod, als er sich zum zweitenmal um sein Eigentum betrogen sah, ging mit langen Schritten auf den Arzt zu und sprach: »Es ist aus mit dir, und die Reihe kommt nun an dich«, packte ihn mit seiner eiskalten Hand so hart, daß er nicht widerstehen konnte, und führte ihn in eine unterirdische Höhle.

In dieser Szene packt der Tod mit seiner eiskalten Hand hart zu. Bisher hatte er dem Arzt nur zornige Blicke zugeworfen und mit der dürren Faust gedroht. Bei der trickreichen Heilung des Königs hatte er bereits angedroht, daß es dem Arzt an den Kragen gehe, wenn er nochmals die List anwende. Nun führt er den Arzt in eine unterirdische Höhle. Die Höhle ist eine Art von Hölle, in der unzählige Lichter brennen.

Während die Handlung des Märchens bisher in unserer Welt spielte, wird der Arzt jetzt in ein magisches Jenseitsland geführt. Vom Weg in die Höhle wird in den Märchen und Mythen, ähnlich wie bei der Höllenfahrt Christi, dann erzählt, wenn der Held in einen anderen geistigen und seelischen Zustand versetzt wird. Tiefenpsychologisch könnten wir bei der Höhle von einem Sinnbild sprechen für den unbewußten Bereich der menschlichen Seele. Dorthin gelangt man durch den Schlaf oder im Traum, durch Ekstase oder Entrückung. Auch durch den Tod kann ein Mensch in das magische Reich geführt werden.

Der Tod als Geleiter ins Totenreich trägt im griechischen Mythos den Namen Charon. Er ist der Fährmann, der die Verstorbenen ins Jenseits führt. Durch die Veränderung nur eines Buchstabens wird aus Charon Chiron, bei dem Asklepios die Heilkunst erlernte. Wir spüren die nahe Beziehung zwischen den heilenden und zerstörenden Kräften, zwischen Gevatter Tod und dem Arzt. Während sich der Arzt durch sein eigenmächtiges und listenreiches Handeln von der Macht und dem Einfluß seines Paten zu lösen versuchte, packt dieser mit seiner eiskalten Hand zu und zeigt, wo es langgeht. Den Weg in die unterirdische Höhle möchte ich als ein Versenken in die eigene Seelentiefe deuten. Diese Erfahrungen machen zum Beispiel die Schamanen bei ihrer Einweihung. Das Grundmuster der Höllenfahrt mit einer Seelenreise durchs Totenreich ist ihr entscheidendes Berufungserlebnis.

Diese Geisterbeschwörer und Zauberärzte erleben am Ende ihrer Initiation die entscheidende mystische Erfahrung in einer Erleuchtung, die ihnen die Fähigkeit außersinnlicher Wahrnehmungen verleiht. Die mystische Erfahrung besteht in einem »geheimnisvollen Licht, welches der Schamane plötzlich in seinem Körper, im Innern seines Kopfes, im Zentrum seines Hirns verspürt, eine unerklärliche Leuchte, ein feuriges Licht, das ihn instand setzt, im Dunklen zu sehen, und zwar im wörtlichen wie im übertragenen Sinn, denn fortan vermag er, auch mit geschlossenen

Augen, Finsternisse zu durchschauen und künftige Dinge und Ereignisse, die den anderen Menschen verborgen sind, wahrzunehmen; so kann er ebenso die Zukunft erkennen wie die Geheimnisse der Mitmenschen«[18].

Bei dieser sogenannten großen Erfahrung geht es also um Erleuchtung in einem vielschichtigen Sinne. Sie ermöglicht Einsichten in die den meisten Menschen verborgenen Tiefen und Zusammenhänge des Seins. In tiefenpsychologischer Sprache würden wir von dem Eindringen in den unbewußten Bereich der Seele sprechen. Die Probleme und Rätsel der Menschen, insbesondere der Kranken, können durchschaut und damit ihren Lösungsmöglichkeiten nähergebracht werden. Im Totenreich erfährt der Schamane von den Ahnengeistern die Geheimnisse über die Ganzheit des Lebens, in der Sterben und Leben unlöslich miteinander verbunden sind. Indem der Arzt Einsicht in diese Zusammenhänge gewinnt und diese Erkenntnisse den Hilfesuchenden vermittelt, erweckt er die heilenden Kräfte im Wurzelgrund des Lebens.

Als zweites Beispiel für die Auseinandersetzung mit dem Unbewußten möchte ich an eine Erfahrung von C. G. Jung erinnern. Ähnlich wie unser Arzt im Märchen erlebte Jung als Psychiater und als Tiefenpsychologe auf dem Höhepunkt seines Lebens und seiner ärztlichen Tätigkeit eine Konfrontation mit dem Tod. Nach seiner dramatischen Trennung von Freud, der als erster die Tore zum Unbewußten aufgestoßen hatte, erlebte Jung in der Auseinandersetzung mit den Tiefen des Unbewußten eine Phase der Desorientierung, die ihn dazu motivierte, zu den archetypischen Wurzeln seiner Seele und seines Unbewußten zu gelangen. Für ihn war dieser Abstieg in die Tiefe buchstäblich so etwas wie eine Höllenfahrt, bei der er ähnliche Erfahrungen machte wie ein Psychotiker in seinem Wahn. In seiner Auseinandersetzung mit dem Unbewußten begreift Jung dieses wie eine Art Totenland der Ahnen, in dem alles Nicht-Erlöste und Nicht-Gelöste der eigenen Existenz aufgehoben ist. Das Sterben des alten und begrenzten Ich erlebte Jung in seinem sogenannten Siegfried-Traum, in dem das zentrale Motiv wie folgt beschrieben wird: »Eine Leiche schwamm vorbei, ein Jüngling mit blondem Haar, am Kopf verwundet. Ihm folgte ein riesiger schwarzer Skarabäus, und dann erschien, aus der Wassertiefe aufleuchtend, eine rote, neugeborene Sonne.«[19]

In dem Helden Siegfried sieht Jung die Überbetonung des Ich, das getötet werden und sterben muß, damit die größere Persönlichkeit, die Jung als das Selbst bezeichnet, ins Leben integriert werden kann. Die Traumstimme unterstreicht die Notwendigkeit des Sterbens des alten Ich, wenn es dort heißt: »Wenn du den Traum nicht verstehst, mußt du dich erschießen.« Die Verwundung am Kopf verweist auf die Notwendigkeit der Opferung des Denkens und damit auf das notwendige Sterben der bisher vorherrschenden Funktion des Bewußtseins. Den Skarabäus verstand Jung später mit Hilfe der ägyptischen Mythologie als ein Auferstehungssymbol und ein Sinnbild des Selbst. Auf die Wiedergeburt und Erneuerung verweist auch das Motiv von der aufgehenden Sonne.

Für Jung wie für alle Menschen, die in persönlicher Betroffenheit in den Prozeß des ewigen Stirb und Werde hineingezogen werden, wird die untergehende und morgens wieder neu aufgehende Sonne zu einem wichtigen und hoffnungsvollen Sinnbild für den Aufstieg aus dem dunklen Reich des Schlafes und des Todes. Wie die Sonne ein Gegenbild ist zu der dunklen Nacht des Todes, so erfährt unser Märchenheld auch in der unterirdischen Höhle die Erleuchtung durch Tausende und Abertausende von Lichtern.

Das Motiv der unterirdischen Höhle im Märchen kann in den Träumen heutiger Menschen auch als ein dunkler Fleck erscheinen. Das Todesmotiv eines dunklen Flecks erscheint in einem von Marc Pelgrin mitgeteilten Traum einer kurz vor ihrem Tod stehenden Frau: »Ich scheine (im Traum) zu erwachen und erblicke einen farbigen Kreis, der (wie auf eine Filmleinwand) auf den Vorhang projiziert erscheint, der in unserem Schlafzimmer das Fenster verhüllt. Ich gehe vorsichtig um diesen Kreis herum, welcher schwarz zu sein scheint – es ist, als ob ich vorsichtig gehen sollte, um nicht hineinzufallen. Dies ist offenbar eine Grube, das schwarze Loch.«[20] Der Traum gewährt uns einen Einblick, wie sich der Lebenskreis bei einem Sterbenden zu schließen beginnt. Die Farbigkeit des Lebens, die am Anfang des Traumes ein letztes Mal in einem farbigen Kreis erblickt wird, verändert sich zum Schwarzen hin. Vorsichtig wird das schwarze Loch umgangen, um nicht hineinzufallen. Wenn wir uns in den Traum dieser sterbenden Frau hineinversetzen, können wir etwas spüren von der Todesangst, die den Menschen überkommt, der angesichts des Todes befürchtet, in ein dunkles Loch zu fallen. Es ist die Angst vor dem Ichverlust und vor dem Verlust des Bewußtseins. Insbesondere ist die Todesangst eine Angst vor der Begegnung mit dem Selbst als jener umfassenden Ganzheit, die jedem Menschen in seiner Seelentiefe innewohnt.

Der Übergang von der diesseitigen materiellen Welt in eine jenseitige wird in den verschiedenen Kulturen und Religionen mit einem spezifischen Ort verbunden. Ähnlich wie es in unserem Märchen die dunkle Höhle ist, kann es bei der »Seelenreise« ein Tunnel oder Trichter sein oder ein dunkles Loch. Auch das Maul und der Schlund eines gigantischen Ungeheuers, dargestellt als Seeungeheuer, als Drache, Wal oder Krokodil, können den Eingang bilden zu jenem Ort der Wandlung. Es sind jeweils symbolische Darstellungen für den außergewöhnlichen Zustand der Wandlung und keine konkreten Räume oder geographischen Angaben.

In derartigen Todeserfahrungen und Träumen eröffnet sich der überpersönliche Bereich des Unbewußten. Jung hat es das kollektive Unbewußte genannt, weil es ein allen Menschen gemeinsames Grundmuster des Erlebens ist. Seine Bilder können auch durch Rauschmittel heraufbeschworen werden. Wenn in psychedelischen Prozessen die Erfahrungen von Tod und Wiedergeburt gemacht werden, werden diese oft zu den Stadien der biologischen Geburt in Beziehung gesetzt. In der psychedelischen Therapie werden drei Typen in der Abfolge des Prozesses beschrieben.

Die erste Erfahrung auf diesem Wege wird als

kosmischer Sturz bezeichnet. Die Betreffenden verbinden diese Phase mit dem Einsetzen der biologischen Geburt, die durch überwältigende Gefühle der Angst und der Lebensbedrohung gekennzeichnet ist. Weil der Ursprung der Gefahr nicht erkannt werden kann, neigt das Individuum, ähnlich wie das Kind beim Geburtsvorgang, dazu, die Gefahr als etwas völlig Chaotisches wahrzunehmen. Im Hinblick auf diese Erfahrung im psychedelischen Prozeß schreibt Stanislav Grof: »Die Intensivierung der Angst führt gewöhnlich zu dem Gefühl, in einen gigantischen Strudel gerissen zu werden. Eine häufige Variante dieser Erfahrung ist die Empfindung, von einem gräßlichen Ungeheuer verschlungen zu werden – einem Drachen, einem Wal, einer Tarantel, einem Oktopus oder Krokodil – oder in die Unterwelt abzusteigen und ihren dräuenden Geschöpfen zu begegnen. Dies ist eine deutliche Parallele zu den eschatologischen Visionen des klaffenden Rachens der Todesgötter, des Höllenschlundes oder des Abstieges des Helden in die Unterwelt. Die Austreibung aus dem Paradies und der Sturz der rebellischen Engel gehört zur Matrix dieser Erfahrungen.«[21]

Das zweite Stadium der Ausweglosigkeit wird oft mit dem klinischen Stadium der Geburt verbunden, wenn die Kontraktionen des Uterus den Fötus bedrängen, jedoch der Gebärmutterhals noch geschlossen ist. Wie hier der Ausgang dem Kind noch versperrt ist, so werden in der psychedelischen Therapie die psychischen und die physischen Qualen wie ein Alptraum erlebt. »Die menschliche Existenz erscheint sinnlos, absurd und monströs. In dieser

Phase erlebt das Individuum sich vor allem als Opfer in einer Situation, die unausweichlich und ewig ist. Es gibt keine Hoffnung und anscheinend keinen Ausweg, weder im Raum noch in der Zeit. Viele Personen erklärten unabhängig voneinander, daß diese psychedelische Erfahrung der psychologische Prototyp der religiösen Vorstellung von der Hölle zu sein scheint.«[22]

In der dritten Phase dieses Prozesses kommt es zu dem eigentlichen Ringen um Tod und Wiedergeburt. Auf die Erfahrungen der Geburt bezogen, geschieht jetzt eine Öffnung des Gebärmutterhalses, und die Ausstoßung durch den Geburtskanal beginnt. Die ungeheure Spannung, die mit einer derartigen Entladung verbunden ist, wird unter LSD-Einwirkung als mächtiger Energiestrom, der den Körper durchfließt, erlebt. »Typische Assoziationen«, schreibt Grof, »sind das Rasen von Naturgewalten, apokalyptische Kriegsszenen und Bilder einer aggressiven Technik. Eine riesige Menge Energie entlädt sich in lebhaften Erfahrungen von Zerstörung und Selbstzerstörung. Die sexuelle Erregung kann einen unnatürlich hohen Grad erreichen und sich in Visionen von Orgien, perversen Aktivitäten oder sinnlichen, rhythmischen Tänzen ausdrücken.«[23]

Die Erfahrungen unseres Märchenhelden sind nach meinem Eindruck nicht eindeutig der einen oder anderen Phase zuzuordnen, sondern folgen offensichtlich einem Bildmuster, das auf Ganzheit hin orientiert ist. Doch noch wesentlicher als die Überlegungen einer Zuordnung zu archetypischen Mustern scheint mir die Frage nach dem Sinn und der

Bedeutung derartiger Erfahrungen zu sein. In der psychedelischen Erfahrung wird es der »Ich-Tod« genannt. Nach Grof geschieht hier »die völlige Zerstörung des gesamten früheren Bezugsystems des Individuums. Darauf folgen häufig Visionen von blendend weißem oder goldenem Licht und das Gefühl einer befreienden Lösung und Ausdehnung. Das Universum erscheint als unbeschreiblich schön und strahlend. Die Menschen fühlen sich geläutert und sprechen von Erlösung oder Befreiung.«[24]

In der christlichen Symbolik werden Sterben und Tod des alten sündigen Menschen und die Auferstehung eines neuen Menschen ähnlich beschrieben. Religiöse Rituale haben letztlich die Funktion, einem Menschen das physische Sterben zu erleichtern und ihm eine Vorstellung von dem zu vermitteln, was beim Übertritt über die Schwelle des Todes geschieht. Eine besonders wichtige Erfahrung ist auf diesem Wege die Lichtervision, wie sie in unserem Märchen geschildert wird.

Die Lebenslichter der Menschen

Da sah er, wie tausend und tausend Lichter in unübersehbaren Reihen brannten, einige groß, andere
halbgroß, andere klein. Jeden Augenblick verloschen
einige, und andere brannten wieder auf, also daß die
Flämmchen in beständigem Wechsel hin und her zu
hüpfen schienen. »Siehst du«, sprach der Tod, »das
sind die Lebenslichter der Menschen. Die großen
gehören Kindern, die halbgroßen Eheleuten in ihren
besten Jahren, die kleinen gehören Greisen. Doch auch
Kinder und junge Leute haben oft nur ein kleines
Lichtchen.«

Unser Märchenheld sieht in der unterirdischen
Höhle tausend und abertausend von Lichtern in
unübersehbaren Reihen. Die Flammen der Lichter
scheinen in beständigem Wechsel hin und her zu
hüpfen. Diese Lichterfahrung scheint ähnlich zu sein
wie bei den Sterbeerfahrungen oder bei archetypischen Träumen. Nachdem das enge und beängsti-
gende Tor durchschritten ist, weitet sich der Blick in
diesen unendlichen Bildersaal. Als Beispiel hierzu
der Traum einer alten sterbenden Frau:
»Sie sieht eine brennende Kerze innen auf dem
Fensterbrett ihres Spitalraums brennen und merkt

99

plötzlich, daß die Kerze am Erlöschen ist. Furcht und Angst packen sie vor der großen Dunkelheit, die ihr naht. Plötzlich leuchtet aber dieselbe Kerze wieder auf – auf der anderen Seite des Fensters, und sie erwacht.«[25]

Kurz darauf starb diese Frau in völliger Ruhe. Die im Bild erscheinende Furcht und Angst vor der großen Dunkelheit währte nur eine kurze Zeit. Auf geheimnisvolle Weise gelangt die Kerze durch das geschlossene Fenster auf die andere Seite und kann von daher der Sterbenden den Weg weisen.

In diesen Bildern ist auf eindrucksvolle Weise der Übergang von der diesseitigen Welt in die jenseitige gezeigt. Wie die Kerze erlischt, so verlöscht das Leben. Als Ort des Übergangs wird im Traum das Fenster genannt. Wie die Träumerin haben wir alle bestimmte Eindrücke und Erfahrungen beim Blick aus dem Fenster gesammelt. Vielleicht kommt dem einen eine schöne Erinnerung in den Sinn, wie er an einem herrlichen Wintertag aus seinem warmen Zimmer heraus die Schneeflocken fallen sah. Ein anderer konnte vielleicht aus seinem Fenster auf einen Baum, eine Wiese oder ein Feld schauen. Alle diese Erfahrungen können zu einem Gleichnis werden, um uns den Übergang von der diesseitigen Welt in die verborgene jenseitige einsichtig zu machen. Wie unsere Augen durch das Glas hindurchschauen, so konnte die Kerze auf der anderen Seite des Fensters wieder aufflammen.

Wie in dem Traum werden in der Lichtervision des Märchens das Leben und die Lebenslichter in einer jenseitigen Welt dargestellt. Diesem Motiv liegt die Anschauung zugrunde, daß jeder Lebende ein entsprechendes Lebenslicht in der jenseitigen Welt hat. Die Größe des Lichtes zeigt an, wieviel Lebenszeit noch zugemessen wird. Das Märchen beschreibt anschaulich und lebensnah, daß Kinder große Lichter haben, Eheleute in der Lebensmitte halbgroße und alte Menschen nur noch ein kleines Licht, das bald abgebrannt sein wird. Aber auch für manche Kinder brennt nur noch ein kleines Licht. Dies bedeutet, daß sie jung sterben müssen.

Jedes Menschenleben hat ein entsprechendes Gegenüber in der jenseitigen Welt. Was hier gelebt wird, ist dort bekannt, ja scheint sogar ein Stück weit dort »vorprogrammiert« zu sein. Unser Märchen beschreibt diese Zusammenhänge nicht in konkreten Einzelheiten, sondern nur in der Zumessung der Lebenszeit. Viele Menschen sind neugierig und würden gern, ähnlich wie der Arzt im Märchen, sagen: »Zeig mir mein Lebenslicht!« Doch könnten wir die Wahrheit ertragen, wenn wir sehen würden, daß nur noch eine kleine Spanne Zeit bis zum Tode bleibt?

Vielen Menschen wird die Entsprechung zwischen dem diesseitigen Leben und dem Lebenslicht in einer jenseitigen Welt fremd sein. Als moderne Menschen glauben sie nicht, daß ihr Leben von unsichtbaren Bedingungen abhängt. Solange ihnen die Beweise oder eine überzeugende Erfahrung fehlen, mögen sie mit dieser Haltung recht haben. Doch bei außergewöhnlichen Erfahrungen in Grenzsituationen des Lebens bekommen viele eine Ahnung von der Abhängigkeit ihres Lebens von verborgenen anordnenden Faktoren, die C. G. Jung Archetypen nennt. Ich glaube, daß es hilfreich sein kann, mit Hilfe von Entsprechungen zu versuchen, das Geheimnis einer außergewöhnlichen Lebenserfahrung zu beleuchten oder sogar zu lüften.

Eine Lichtervision wie in unserem Märchen werden wir nicht in den guten und hellen Tagen unseres Lebens haben, sondern höchstens dann, wenn es dunkel um uns ist oder wenn wir dem Tode nahe sind. So berichtet C. G. Jung in seiner Autobiographie, wie er als Achtundsechzigjähriger wegen eines Herzinfarkts in Todesgefahr lebte und in einer ekstatischen Traum-Vision im Weltall schwebte. »Es schien mir, als befände ich mich hoch oben im Weltraum. Weit unter mir sah ich die Erdkugel in herrlich blaues Licht getaucht. Ich sah das tiefblaue Meer und die Kontinente. Tief unter meinen Füßen lag Ceylon, und vor mir lag der Subkontinent von Indien. Mein Blickfeld umfaßte nicht die ganze Erde, aber ihre Kugelgestalt war deutlich erkennbar, und ihre Konturen schimmerten silbern durch das wunderbare blaue Licht.«[26]

Jung berichtet dann weiter, wie er dort oben einen Felsblock sah, der so ähnlich aussah wie die schwarz-braunen Granitblöcke, die er während einer Reise an der Küste des Bengalischen Meerbusens gesehen hatte. In der Vision sah Jung, daß in den Felsen ein kleiner Tempel hineingehauen war, der von tausend kleinen, von Kokosöl gespeisten Flämmchen erleuchtet war. »Als ich mich den Stufen zum Eingang in den Felsen näherte, geschah mir etwas Seltsames: ich hatte das Gefühl, als ob alles Bisherige von mir abgestreift würde. Alles, was ich meinte, was ich wünschte oder dachte, die ganze Phantasmagorie irdischen Daseins fiel von mir ab, oder wurde mir geraubt – ein äußerst schmerzlicher Prozeß. Aber etwas blieb; denn es war, als ob ich alles, was ich je gelebt oder getan hätte, alles, was um mich geschehen war, nun bei mir hätte. Ich könnte auch sagen: es war bei mir, und das war Ich.«[27] Jung erzählt, daß er in den folgenden Wochen, solange er zwischen Leben und Tod schwebte, nachts häufig derartige Visionen hatte, während er am Tage zumeist deprimiert war und stark unter der Begrenztheit im diesseitigen Leben litt. Etwa ein Jahr später faßte Jung seine visionäre Lichterfahrung in einem Brief an Kristine Mann so zusammen: »Solange wir außerhalb des Todes stehen, ist er von größter Grausamkeit. Aber sobald man darinsteht, erlebt man ein so starkes Gefühl von Ganzheit und Frieden und Erfüllung, daß man nicht mehr zurückkehren möchte.«[28]

Wenn wir das Gesagte auf die Auseinandersetzung mit der Sterblichkeit und die Begegnung mit dem Tod beziehen, dann sagt uns die Weisheit des Märchens: Im Angesicht des Todes wird uns ein Licht aufgehen. Wie der Arzt im Märchen kurz vor seinem Tode die Lebenslichter der Menschen schaute, so bezeugen viele Menschen, daß es bei nahendem Tod hell und licht um sie wurde. Vermutlich wird uns dieses Licht erst im Augenblick des Todes aufleuchten. Nach dem Märchen ist es Gevatter Tod selber, der spricht: »Siehst du, das sind die Lebenslichter der Menschen.« So lehrt er uns, nicht schwarz zu sehen, wenn wir an ihn denken, sondern vielmehr nach Licht Ausschau zu halten. Dieses Licht braucht uns nicht erst am letzten Tag aufzugehen, es kann sich auch dann zeigen, wenn wir mitten im Leben einen der vielen »kleinen Tode« sterben, wie eine Frau es erlebt hat, deren Text ich hier wiedergebe:

»Immer wieder kommt er,
der Tod
und überschattet mich,
führt mich an Grenzübergänge,
geht mit mir zu Tränenseen
und überläßt mich dem Sterben.

Ich fürchte ihn nicht mehr,
den Tod,
der mir Freund und Verwandter wurde,
der mich zu Falle brachte,
um die Rückkehr zu ermöglichen,
der mich in die Knie zwang,
um das Auf-stehen,
          Auf-erstehen zu erfahren,
der mich in Abgründe warf,
um dem Ur-Vertrauen zu begegnen,
der mich mit Wasser überflutete,
um die Wahrheit zu erkennen,
der mir meine Versteinerung vor
Augen führte,
um das Los-lassen zu üben.

Tod – ich liebe Dich
als Durchgang zu neuem Leben
          neuen Räumen
                    neuen Welten.«

In die Hand des Todes geraten

»Ach, lieber Pate«, sagte der erschrockene Arzt, »zündet mir ein neues an, tut mir's zuliebe, damit ich meines Lebens genießen kann, König werde und Gemahl der schönen Königstochter.« – »Ich kann nicht«, antwortete der Tod, »erst muß eins verlöschen, eh ein neues anbrennt.« – »So setzt das alte auf ein neues, das gleich fortbrennt, wenn jenes zu Ende ist«, bat der Arzt. Der Tod stellte sich, als ob er seinen Wunsch erfüllen wollte, langte ein frisches großes Licht herbei: aber weil er sich rächen wollte, versah er's beim Umstecken absichtlich, und das Stückchen fiel um und verlosch. Alsbald sank der Arzt zu Boden und war nun selbst in die Hand des Todes geraten.

Unser Märchen gehört zu den wenigen, die kein glückliches Ende haben. Der Arzt gerät selbst in die Hand des Todes. Gerade der Arzt, der nach der Vorstellung vieler Menschen – besonders der im Mittelalter – die Krankheiten, die zum Tode führen, kurieren kann, verfällt selbst dem Tod.

In der Erstfassung des Märchens der Gebrüder Grimm geht es nicht ganz so dramatisch aus. Auch da wird der Arzt in eine unterirdische Höhle geführt, in der vieltausend Lichter brennen. »Siehst du«, sagt der Tod, »das sind alle Lebende, und hier das Licht, das nur noch ein wenig brennt und gleich auslöschen will, das ist dein Leben; hüt dich!« In der vorliegenden Märchenfassung dagegen wird ausdrücklich gesagt, daß der Tod sich rächen wollte und sich deswegen beim Umstecken des Lebenslichtes versah. Die Rache von Gevatter Tod ist eine Reaktion auf den Ungehorsam und die List des Arztes. Es wird ausdrücklich erwähnt, daß der Arzt wohl daran dachte, daß ihm Gevatter Tod die Überlistung übelnehmen würde. Dennoch verhalf ihm diese Einsicht nicht zu einer konsequenten Haltung. Auch bei der Heilung der schönen Königstochter übersah der Arzt die zornigen Blicke des Todes und wie er mit seiner dürren Faust drohte. Mit dem Motiv der Rache und der Vergeltung berühren wir abschließend eine tiefe und noch immer blutende Wunde im abendländischen Weltbild. Im Unterschied zu anderen Weltanschauungen müssen Schuld und Verfehlung der Menschen teuer gesühnt werden. Weil nach dem Mythos Eva sich verführen ließ und Adam ebenfalls animierte, vom Baum der Erkenntnis des Guten und Bösen zu essen, wurden sie aus dem Paradies vertrieben. Auch im griechischen Mythos ist der Feuerraub des Prometheus als Akt menschlicher Bewußtwerdung eine frevelhafte Tat, die von den Göttern bestraft wird.

Das Ende unseres Märchens wäre in einer anderen Kultur, zum Beispiel in einer schamanistischen, der Anfang einer Einweihung in die Geheimnisse der Unterwelt. Nach den Initiationsberichten von Schamanen begegnen diese auf ihrem Weg der Einweihung den Toten- und Ahnengeistern. In ihren Visionen sehen sie Schreckensbilder des Todes und hören Tote mit ihren Knochen rasseln. Die Berufung zum Schamanen erfolgt wie bei unserem Märchenhelden beim Übergang vom Jünglings- ins Mannesalter. In dieser Zeit des starken Wachstums und der erhöhten seelischen Sensibilität ist der junge Mensch besonders ansprechbar für Geistererscheinungen und das Hören innerer Stimmen, denen man sich absolut verpflichtet fühlt. Im Märchen wird es so dargestellt, daß der zu Jahren gekommene Jüngling in den Wald hinausgeführt wird. Auch dies ist charakteristisch für die schamanistische Berufung zum Heiler und Zauberer. Der zum Schamanen Berufene zieht sich von den Menschen zurück, verläßt die häusliche Geborgenheit und geht in den Wald. Bei der sogenannten Schamanenkrankheit erlebt der angehende Heiler in einer schauerlichen Traumvision die Zerstückelung seines Körpers. Die Ahnengeister kommen herbei und zerteilen ihn, was als symbolisches Sterben anzusehen ist. Der eigenartig anmutende Todes- und Wandlungsritus dauert bei manchen drei Tage und Nächte, bei anderen sieben Tage oder eine noch längere Zeit, in der sie wie tot in ihrer Hütte oder im Wald liegen. In dieser Zeit erscheinen in den Traumgesichten Toten- und Ahnengeister und vermitteln das Geheimnis von Zaubermitteln zur Geistheilung. Über diese Erfahrungen berichtet eine Forscherin: »Im Traum erblickte er ständig ein und denselben Menschen, der ihm jedoch nicht seinen Namen nannte und ihm auch nicht das Gesicht zeigte. Dieser Mensch nahm ihn mit sich in den Urwald und schleppte ihn ins Wasser, wo er zu ertrinken glaubte. Dann forderte der

Geist ihn auf, zu schamanisieren, erzählte ihm von der oberen und von der unteren Welt und versprach ihm seine Hilfe. Dann wieder erschreckte er ihn mit Todesdrohungen. Nachdem er zu schamanisieren begonnen hatte, wurde es ihm leichter.«[29]

Wie in dem Traum der Schamane in den Urwald geschleppt wird, so wird unser angehender Arzt von seinem Paten in den Wald geführt, und es wird ihm dort das Heilkraut gezeigt.

Die einzelnen Stationen der schamanischen Initiationsreise werden von Jan Halifax wie folgt zusammengefaßt: »Der Schamane erlangt die Fähigkeit zu seinem Beruf als Heiler, Seher und Visionär im Verlauf von Selbstverwundung, Tod und Wiedergeburt. Die am eigenen Leibe gewonnene Erfahrung von Krankheit, Hinfälligkeit und Tod stärkt ihn für seine wahre Aufgabe. Er öffnet sich ja solchen Leidenserfahrungen aus gesellschaftlichen, nicht aus persönlichen Gründen. Seine Arbeit gilt den Kranken, die er heilt, und der Gesellschaft, deren Ordnung innerhalb größerer kosmischer Bezüge er schützt. Doch ist er nicht nur ein verwundeter Heiler, sondern vermag sich auch selbst zu heilen. Er besitzt die Kraft zur Wandlung. Als Toter geht er durch das Feuertor ins Reich des erwachten Bewußtseins. Er erfährt die Unsterblichkeit, und sein Menschenherz füllt sich mit dem Lachen des Mitgefühls. Das Leid, das er erfährt, wird zum Spiel. Er ist zugleich im Diesseits und im Jenseits zu Hause.«[30]

Ich habe aus zwei Gründen den Exkurs über die Einweihung und die Heilungspraxis der Schamanen angeführt. Zum einen dürfte aus den angezeigten

Parallelen zwischen unserem Märchen und den Einweihungsriten der Schamanen eine Ähnlichkeit deutlich geworden sein. Auch wenn der Arzt im Märchen eher nach Praktiken der alchimistischen Ärzte des Mittelalters behandelte, legt das ausschlaggebende Erscheinen von Gevatter Tod eine andauernde Begegnung mit dem Tod nahe, wie dies bei den Schamanen der Fall ist. Da auch unser Märchen mit den grundlegenden Erfahrungen von Heilung und Tod längst vor den ersten schriftlichen Fixierungen erzählt worden ist, könnten sich sehr wohl schamanistische Erfahrungen aus der Frühzeit dazugesellt haben.

Der andere Grund für den Hinweis auf den Schamanismus ist das ganzheitliche Weltbild in dieser Kultur. Ich finde es besonders eindrucksvoll zusammengefaßt in dem Bekenntnis des Medizinmannes Hyemeyohsts Sturm: »Der Schamane weiß, daß er ein Geist auf der Suche nach einem größeren Geist ist. Der Große Geist kennt den Tod. Mutter Erde kennt das Leben. Wir sind alle aus dem Großen Geist geboren. Nach Vollendung unseres Lebens kehren wir zu ihm zurück. Der Schamane weiß, daß der Tod der große Verwandler ist . . . Jeder Schamane weiß, daß der Tod alles mit Leben erfüllt.«[31]

Der letzte Satz wurde als Motto über diese Märchendeutung gestellt. Während unser Märchen vor allem aus der Gegensatzproblematik von Leben und Tod, von dem erscheinenden Gevatter Tod und dem behandelnden Arzt besteht, spricht der Schamane die mit unserem Märchen gemeinte Weisheit aus, »daß der Tod der große Verwandler ist«.

ANMERKUNGEN

1 J. Bolte, L. Mackensen, Handwörterbuch des Deutschen Märchens, Bd. I, Berlin 1930, S. 124

2 L. Mackensen, Handwörterbuch des Deutschen Märchens, Bd. I, Berlin 1934, S. 615 ff.

3 L. Röhrich, Märchen und Wirklichkeit, S. 236. Ferner: Enzyklopädie des Märchens, Bd. I, 1977, S. 791 ff.

4 M. Lüthi, So leben sie noch heute, Göttingen 1969

5 Handwörterbuch des deutschen Aberglaubens, Bd. III, Artikel »Gevatter«

6 ebenda

7 H. Hark, Religiöse Neurosen. Ursachen und Heilung, Stuttgart 1984

8 C. G. Jung, Antwort auf Hiob. In: Ges. Werke, Bd. XI

9 S. Freud, Das Unbehagen in der Kultur. In: Ges. Werke, Bd. XIV, S. 477 f.

10 ebenda, S. 478

11 H. Stierlin u. a., Das erste Familiengespräch, Stuttgart 1977, S. 25

12 J. Snell, Der Dienst der Engel, Bietigheim o. J., S. 14 f.

13 C. G. Jung, Briefe, Bd. I, Olten 1972, S. 254

14 U. Tiggemann, Der Arzt im Märchen. Dissertation, Freiburg 1958

15 H. Schipperges, Paracelsus. In: Die Großen, Bd. IV/2, hrsg. von K. Fassmann, Zürich 1977, S. 931–945

16 Th. Seifert, Schneewittchen, Stuttgart 1983, S. 39

17 A. Jores, Der Kranke mit psychovegetativen Störungen, Göttingen 1973. – J. Rattner, Psychosomatische Medizin heute. Seelische Ursachen körperlicher Erkrankungen, Zürich 1969

18 M. Eliade, Mythen, Träume und Mysterien. Zit. bei U. Steffen, Jona und der Fisch, Stuttgart 1982, S. 53

19 C. G. Jung, Erinnerung, Träume, Gedanken, Zürich und Stuttgart 1967, S. 183

20 M. Pelgrin, And a Time to Die, London 1961. Zit. bei M. L. von Franz, Traum und Tod, München 1984, S. 89

21 S. und Ch. Grof, Jenseits des Todes, München 1984, S. 26

22 ebenda, S. 27

23 ebenda, S. 27

24 ebenda, S. 28

25 F. M. Kelly, Dreams and Preparation for Death. Zit. bei M. L. von Franz, Traum und Tod, S. 93

26 C. G. Jung, Erinnerungen, Träume, Gedanken, S. 293

27 ebenda, S. 294

28 C. G. Jung, Briefe, Bd. I, S. 443

29 H. Findeisen u. H. Gehrts, Die Schamanen, Köln 1983, S. 69f.

30 J. Halifax, Schamanen, Zauberer, Medizinmänner, Heiler, Frankfurt 1983, S. 92

31 ebenda, S. 41

HELMUT HARK · RELIGIÖSE NEUROSEN

Ursachen und Heilung
299 Seiten, kartoniert

»Dieses Buch über die Beziehungen zwischen Frömmigkeit und seelischen Schwierigkeiten mit der oft tragischen Folge von sogenannten ekklesiogenen Neurosen ist aus meiner psychotherapeutischen Praxis erwachsen. Aus Betroffenheit über die Verquickung von religiöser Orientierung und neurotischen Schwierigkeiten wende ich mich vor allem an Betroffene und Leidende. Dieses Buch möchte aber auch den Angehörigen Einsichten und Verstehungsmöglichkeiten für diese Seelenkrankheit vermitteln. Ferner können Seelsorger, Berater und Psychologen Anregungen empfangen für die Arbeit und den Umgang mit ekklesiogenen Neurotikern.«

Helmut Hark im Vorwort

»Das Buch kann vor allem kirchlich gebundenen und psychologisch wenig vorbelasteten Lesern wichtige Informationen und Hilfen geben. Und auch religiös indifferente Psychologen können von der Lektüre profitieren, denn Helmut Hark zeigt in seinem Buch, daß religiöse Ideen, Empfindungen und Verhaltensweisen den psychischen Haushalt entscheidend mitbestimmen.«

psychologie heute

Kreuz Verlag